Guide MAP
UV

Guide MAP
PASSPORT

ROUTE
66

鬼靈精怪雙胞胎姊弟，
以謊言為開端的驚喜旅程

騙爸爸去美國

李慕盈 著

推薦序——
自己走的路，每步都算數

蔡炳坤（台北市副市長）寫於二〇二〇年十一月九日

年輕作家李慕盈的新作《騙爸爸去美國》即將付梓之際，邀我寫序，搶先拜讀文稿，歡喜無似！這是一本周遊美國的精彩遊記，至少看見了三個感動：一是為人子女的孝心，給父親耳順之年最佳禮物；二是走讀美國各地，深入文化踏察，值得學習與借鏡；三是作者文筆流暢，寫得精彩、讀得暢快。

「對的事情，及時做、認真做；今天不做，明天就要後悔。」對每個人而言，都是一生學習與成長的任務。我與慕盈的父親同年，走過同一時空、不同場域的歡笑與淚水，認真打拚是我們這世代共同的語言。是以，我以「三R人生體解人生三境」為內涵，分享走過高峰與維谷的生命體驗，以為序言，期許讀者珍視過去、把握現在、展望未來，不只為自己，也為家人，圓滿人生的道路！

生命有長度（時間）、寬度（空間），也有深度（人與人之間）。所以有人說：「人的一生，要死去三次。第一次，當你的心跳停止，呼吸消逝，你在生物學上被宣告了死亡。第二次，當你下葬，人們穿著黑衣出席你的葬禮，他們宣告，你在這個社會上不復存在，你從人際關係網裡消逝，你悄然離去。而第三次死亡，是這個世界上最後一個記得你的人，把你忘記，於是，你就真正地死去。整個宇宙都將不再和你有關。」如果說，第一次是時間，第二次是空間，第三次就是人與人之間。前兩次每個人都無例外，生命的必經道路，然而，第三次就各有不同，有人留取丹心照汗青，永遠留在人們的記憶中，永垂不朽，這就是生命的終極意義與價值！

人生就像寫一本書（寫自己，Write yourself），封面父母給，內容自己寫，歲月是頁碼，旅程定章節。走過，只能證明您來過；走過泥濘的道路，才會留下深刻的足跡！昨夜西風凋碧樹。獨上高樓，望盡天涯路。（晏殊《蝶戀花》）此第一境也！

人生就像讀一本書（讀自己，Read yourself），有人匆匆翻過，有人細細閱讀，不管易讀或難解，只有自己能讀懂。惟有立足當下，始能看見未來；惟有閱讀自己，始能放眼世界。衣帶漸寬終不悔，為伊消得人憔悴。（柳永《鳳棲梧》）此第二境也！

人生就像算一本書（算自己，Arithmetic yourself），看盡人生百態，體會世態炎涼，經過繁花似錦，賞過落英繽紛，一程山一程水，一路坎坷輾轉。眾里尋他千百度，驀然回首，那人卻在燈火闌珊處。（辛棄疾《青玉案》）此第三境也！

推薦序——什麼時候圓夢都不嫌晚！

菜子（旅遊行腳節目《呷飽未》、《青春好7淘》主持人）

什麼時候圓夢都不嫌晚，尤其是跟最愛的人一起圓夢，就算路上遇到再多荊棘也能甘之如飴。

慕盈這本書讓我看到了一家人的愛，尤其爸爸站在六十六號公路的起點流下感動的淚時，相信這是再多錢和事業上的成就都換不來的。兩姊弟的安排，讓爸爸圓了三十年前的夢，雖然是被孩子「帶上」的，跟當時想「帶」孩子來不一樣，但我想，爸爸內心一定更加激動，如果是我，一定充滿了無限的感恩！

一路上可以見到六十歲的爸爸重新尋回赤子之心，珍惜著每一刻和孩子們相處的時光，路上的風景已經不再那麼重要了，重要的是和最愛的人一起經歷這個旅程，每一個笑容才是這段旅程最值得珍藏的回憶！

我自己九年前完成了一生中最重要的夢想——自助旅行遊歐洲三個半月，花費了不多的二十一萬（當時歐元匯率四十二），去了十一個國家，住了無數間青年旅館，遇見了許多有故事的人，回到台灣後，覺得人生已無憾，對得到的事物都覺得無比感恩，這種無所求、滿足的感受，也許在爸爸完成這趟旅程後也會有吧！

真心鼓勵所有心中有夢的人，踏出第一步吧！追夢的過程並不可怕，可怕的是連第一步都不敢跨出，自設的藉口和障礙只會讓自己枯朽在一堆夢裡。恭喜慕盈和完成夢想的爸爸，當一個大夢想家一點都不難，看完這本書，行動吧！

推薦序——人不可貌相

黃沐妍（旅遊節目《台灣愛玩客》、《東森愛玩車》主持人；藝名小豬）

我所認識的慕盈，給我的第一印象是文靜乖巧。

感覺大人們說什麼話都會聽從，看似很保守的女孩。凡是遇見我總是有禮貌且客氣地關心著我，對我來說她就是這麼貼心乖巧，直到她離開了節目，我們再度相遇，我才發現印象中的她和現實中的她判若兩人，已經是好幾本書的作者了，真是有眼不識泰山。

原來她是一個勇於追求夢想以及冒險的神祕女子，二十初頭、年紀輕輕為了給爸爸驚喜，於是把他騙去美國，展開一段未知的旅程。

到底有多神祕？你們看了就知道。

推薦序——當個快樂的傻瓜

滕關節（知名影評人、威秀影城資深公關經理）

《騙爸爸去美國》這個書名實在很鬧，但如果你也跟我一樣碰巧認識這個看起來有點天真的作者，那就覺得好像很正常。不對，把爸爸騙去美國這哪裡會很正常？

剛當新生兒爸爸的我看這本書就覺得，要是我小孩以後長大了，能變成像作者這樣的快樂傻瓜應該是很棒的事情，而且心地善良又溫柔會為家人著想。而書中的主角：她的父親，在年輕的時候就希望自己以後的某一天，能和家人一起來趟美國公路自駕旅行。

年輕的時候，我們總有許多回歸現實面後根本不可能的夢想。有趣的是，自己辦不到的，透過下一代的勤勞心機，得到了前所未有的趣味人生續集的可能性。畢竟作者父親當年許這夢想時，根本還不知道會不會娶妻生子，也許這種浪漫傻瓜基因，就這樣遺傳下去，才有了這麼豐富的趣味故事。

我很喜歡這段話：「如果擁有了能力，會想做什麼？我想應該就是報答，讓我們出生在這世上的父母。」能完成父親年少的夢想，孩子永遠是令人期待的未來，當年父親做不到的，如今換成小孩來幫父親圓夢，這種熱血可能只有動漫作品才有，沒想到現實生活中居然有這樣的真人實事，拍成電影吧！

推薦序──個性最像我的孩子

張翠芳（作者母親、台北新藝術博覽會專案總監）

我想，這輩子我最感謝的，是可以生長在一個擁有最大愛與包容力的家庭。在升學主義當道的那個年代，成績代表了一切，但我那身兼醫師與武術家的父親與現在人稱盆景界教母的母親，對他們從小就我行我素的二女兒，也就是我本人，在成長過程中不僅給予最大空間，還讓我可以盡情自由發揮。

長大生子後，我常在想，我希望給予我孩子們什麼樣的成長環境，是要逼他們拿到幾個學位出人頭地呢？還是要讓他們跟我一樣在父母隱形的保護下，自己在社會大學裡面成長？找到自己人生的意義？

當然，我那位親愛的博士老公起先對我那愛的教育很不以為然，後來他被我感化了！我們認為孩子就該放手讓他們自己闖闖，這樣他們才能成為自己想要的樣子，而慕盈這孩子，如同她自己寫的：「那孩子自由自在，不被任何事束縛，直到走近一看，才發現是從前的自己。」她是三個孩子中，和我個性最像的一個，以前的我無法被逼著背書，又怎麼忍心逼她做同樣的事？

最後，如同書中大家所看到的，慕盈被我們養成一位鬼靈精怪、活潑善解人意又充滿感情的孩子，她的爸爸也對這上輩子的情人超級寵愛！

這次旅行，雖然我跟大女兒慕祺沒有辦法一起成行，但是我們也把我倆的願望與祝福一起交給了雙胞胎，跟孩子們一樣：

「你們想要去的旅行，我們會努力幫你們實現。

因為，你們的快樂，就是我們最大的快樂；愛你們，好幾萬輩子。」

自序──致爸爸的一封信

一趟旅行可以帶來許多意義，旅途中所獲得的收穫，就是這趟旅程給予的禮物；這個禮物可能來自於旅伴、旅途中的趣事、紀念品，而無論哪種，都是值得留在心中回憶的。

要踏上旅途可以很容易，同時也能很複雜，而旅途中的旅伴，可能是這趟旅程是否快樂的重要因素；很多人在選擇旅伴時，會跟朋友、伴侶，但我的第一考量永遠都是我的家人。

這本書是我送給你的禮物，聖誕節快樂！

想不到吧？騙了你將近一年，一直說要寫一本台中的旅遊書，卻寫出了這本屬於你的六十歲生日禮物，美國公路自駕的書。

還記得我們在美國時，我就曾開玩笑的說過，想寫下關於我們在美國的故事，透過這本書讓我們的旅費都賺回來，沒想到玩笑話竟然成真了。

看來，接下來玩笑都不能亂開了，因為我的行動力真的太強大了！

在寫這本書的過程中，我回憶著我們在美國的一點一滴，有時甚至寫到眼淚就這樣掉下來了，總是會覺得很不好意思，世界上有很多人的家庭不圓滿、不幸福，但我卻能生長在這麼快樂的家庭裡。

這趟屬於你的六十歲生日之旅，我一個字一個字的幫你記錄下來了，我用這些文字記錄了你這趟旅程的所有快樂、難過、興奮、生氣，無論是哪種面貌，都是最真實的你，也是我們眼中最棒的你。

有天，我們會再度踏上旅程；而你，依舊會是那趟旅程的開心果。

小時候你和媽媽總是牽著我們小小的手，現在我們的手變大了，也可以緊緊抓住你們那大大的手；不用怕年紀大後，孩子們就通通跑不見了，我們會永遠陪在你們身邊。

你們帶我們去的每趟旅行，我們還會再帶你們去好幾次；你們想要去的旅行，我們會努力幫你們實現。

因為，你們的快樂，就是我們最大的快樂；愛你們，好幾萬輩子。

目錄

推薦序——

自序——

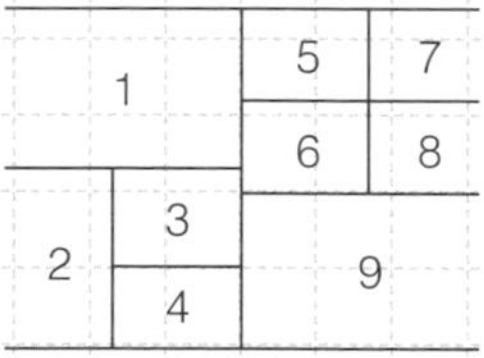

1 巴米巷
2 自由女神像
3 66 號公路
4 小熊維尼
5 底特律
6 大吃一餐蝦子牛排
7 比讚的弟弟
8 姊弟小時候
9 尼加拉瀑布

ROUTE
SANTA MONICA
66
SONY

Pooh's
thotful
spot
Hunny
HUNNY

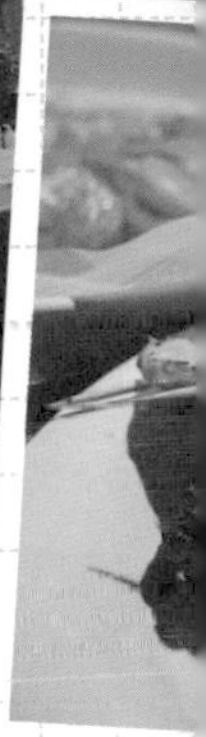

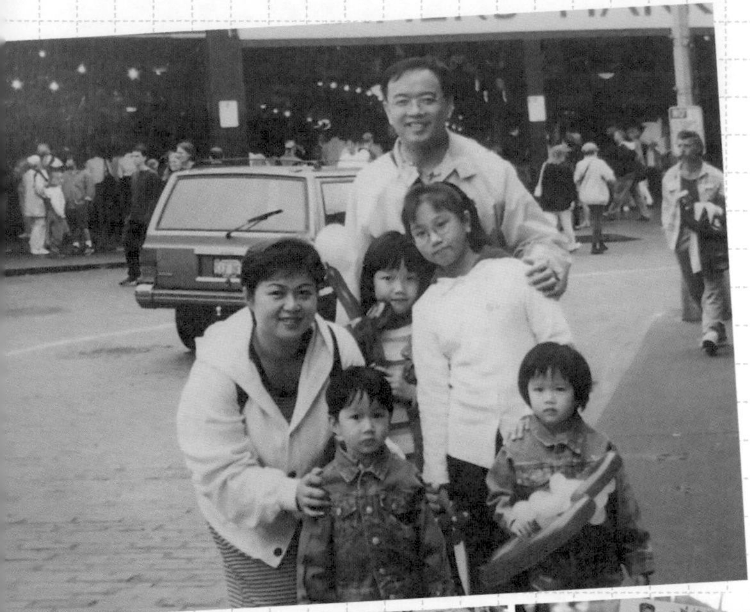

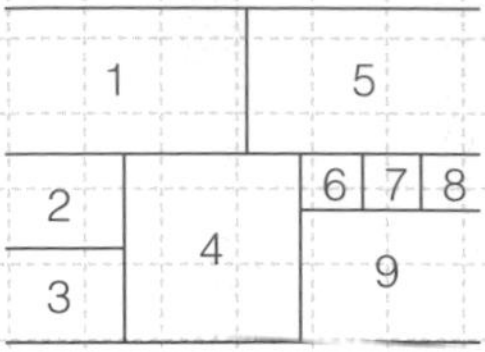

1 一家人與大姑婆合照
2 爸媽和姊弟小時候
3 爸爸、爺爺和雙胞胎合照
4 笑容燦爛的弟弟
5 家人在美國合照
6 最好吃的水牛城雞翅
7 費城早餐
8 戈登 · 拉姆齊餐廳
9 華爾街銅牛

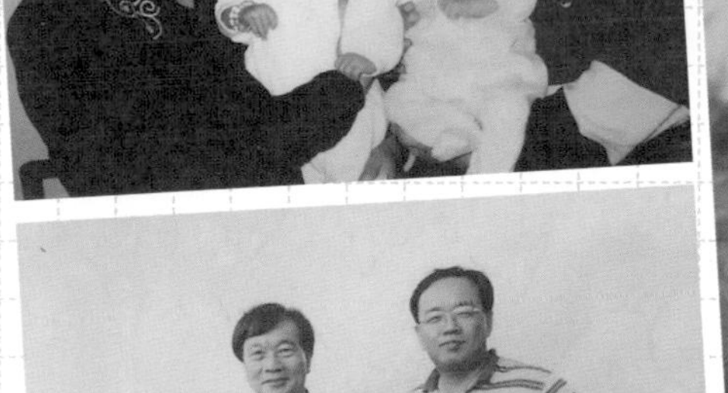

NTASY
HE STRIP'S BIGGEST TEASE

CALIFORNIA
ANCHOR C
ANCHR BR
FLORIDA
GO BILLS
ILOVEU-2
NEW YORK
GOBILLS
AF-DZ-08
505-195
UBM 490
YQT 027
AA-279N
W741 389

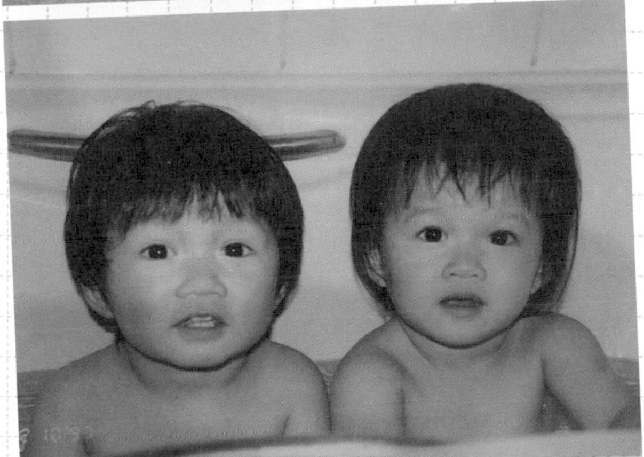

1 劈腿的我
2 擺出功夫 pose 的雙胞胎姊弟
3 雙胞胎一起洗澡
4 國會圖書館（電影《國家寶藏》場景）
5 賭城脫衣舞秀
6 觀瀑塔
7 餐廳牆面裝飾
8 雙彩虹
9 很可愛的我
10 眉開眼笑的爸爸

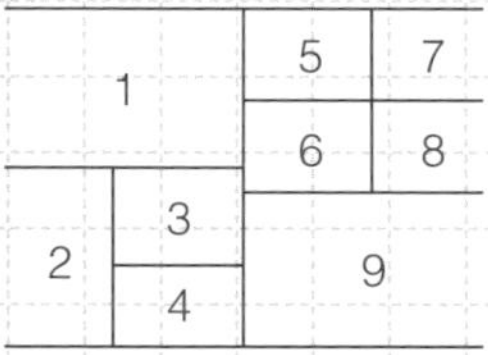

1 常被誤認為白宮的美國大廈
2 與大堂妹在時代廣場合照
3 M&M's 巧克力超跑
4 百老匯新音樂劇發表會現場
5 熱鬧的尼加拉城鎮
6 尼加拉瀑布夜晚的燈光秀
7 回到母校西北大學興奮的爸爸
8 雙胞胎感情好
9 像極明信片的美景

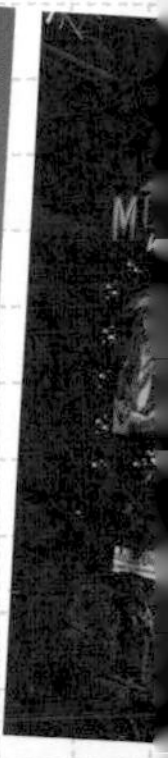

m&m's
18
m&m's

MEAN GIRLS
MERICAN EAGLE OUTFITTERS

啟程——
巨大的驚喜
還是驚嚇？

814024
NO PARKING ANY TIME

「如果擁有了能力，會想做什麼？我想應該就是報答，讓我們出生在這世上的父母。」

從一張突如其來的機票開始

今年夏天特別炎熱，我和弟弟走在路上吃著冰棒，雖然努力搧著扇子，但依然抵不過那掛在天上的無情太陽，只見弟弟的腳步漸漸加速，接著我們進到了充滿冷氣的百貨公司，百貨公司總是不放過任何賺錢的機會，母親節過完就換情人節，接下來就是中秋節、父親節，對於沒怎麼交過女朋友的弟弟來說，情人節禮物的廣告總是讓他忍不住翻白眼，看到弟弟想翻卻翻不過去的模樣，我忍不住笑了。

「看到情人節總會想到爸爸慌張訂花束的樣子。」我對弟弟笑著說。

「因為他總是到最後一刻才突然開始準備禮物啊！」弟弟無奈的搖搖頭。

進到百貨公司後我們的目標只有一個，就是爸爸的父親節禮物，為了讓今年六十歲生日能盛大舉行，我們決定在父親節時送他一個爛禮物，將錢存到他生日時再用，不過很顯然的，百貨公司不是一個選爛禮物的最佳地點，根本不會有便宜的東西，光是超市的芒果一顆就一百二十九元、荔枝一把兩百三十六元，而我們的目標「馬桶刷」不知道是什麼高級材質，居然要兩百一十五元，外面明明才賣三十元，簡直沒天理，根本強盜！

「乾脆先別買父親節禮物，直接先買老爸的生日禮物好了？」看著蹲在地上抱著馬桶刷不停碎念的我，弟弟提議。

「但我不想只有送禮物這麼簡單，我覺得六十歲生日就要玩得瘋狂點，有可能是騙他去超市買東西，結果一路把車開到墾丁看比基尼辣妹，或是載到桃園假裝去餐廳吃飯，實際上卻簽切結書，從橋上跳下去玩高空彈跳……還是弟弟你覺得開到萬里，讓他玩滑翔翼直接從山上跳下懸崖，或是從沙灘上腳突然離地飛上天空？」我越講越興奮，甚至拿起手機準備詢問老媽，老爸的平安險保得夠不夠，此時一旁的弟弟卻搶走我的手機。

「我想……當天還是不要讓妳碰到方向盤好了。」高舉我的手機，弟弟替爸爸默哀三秒鐘。

「還是機票？一張空白機票讓他選要去哪裡？」我腦袋不停運轉，想著老爸會想去哪，這時我和弟弟終於發揮我們身為雙胞胎的默契。

「美國公路旅行！」雙胞胎異口同聲的說。

於是這場旅程就這麼展開了，一場充滿謊言、欺騙的巨大驚喜！

從小到大，許多朋友都以為我們是一家四口，事實上我們是一家六口，除了有隻超可愛的狗狗叫圓圓，還有一位大我們三歲半的姊姊叫李慕祺。

我和弟弟是雙胞胎，分別叫李慕盈、李慕藩，我們的個性很相像，屬於比較直話直說、白目、欠扁的類型；姊姊則和我們大大相反，她跟別人講話很溫柔、輕聲細語，有時候她講笑話，會因為講太小聲而沒人聽到，自己在角落笑開懷，每當這時，我和弟弟就會用奇妙的表情看著她。

我們三個從小感情就很好，是那種到八十歲，還會互相聚在一起，戴著老花眼鏡一起打電動的類型，小孩也都會互相叫對方乾媽、乾爹，手足之情需要延續好幾輩子的那種。

在社群軟體裡，我們還有自己的三人群組，一年會用到九次，都是在討論爸爸、媽媽的約會行程，他們的生日、情人節、結婚紀念日、聖誕節、父親節、母親節。

我是本書的第一女配角，叫做李慕盈，從二十三歲開始，踏上了旅遊作家這條不歸路，賺的錢很少，卻很知足、快樂；夢想是二十五歲前出版三本書，當你們看到這本書時，就代表我的夢想已經完成了，而你們都是替我完成夢想的人。

我的雙胞胎弟弟叫李慕藩，原本長得很可愛，像混血兒，到國小、國中時，還長得像古巨基，直到高中後開始長歪；但對女孩子保證不劈腿、十分專情又浪漫，目前沒有女朋友，若有興趣歡迎私訊作者粉專，作者保證贊助約會費用（姊姊幫你寫了，可以把刀移開了……）

三個孩子中，有名無權的老大，也就是我們的大姊，叫做李慕祺，目前是一位藝術家，從小自稱低調的偉人，雖然現在打死不承認這個黑歷史，但卻已深植在所有人心中，無法抹滅；雖然講話小聲、看似氣質，但認識後會發現她除了善良、體貼，還很可愛，從小禮讓我和弟弟的各種欺壓，堪稱地表脾氣最好的好人。

媽媽，我們的母親大人，叫做張翠芳，堪稱世界上最好的母親，從小給予我們百分百的愛，支持我們的任何決定，長得圓圓可愛像河馬、國王企鵝，是某知名品牌的品牌總監，也是此趟旅行最大贊助者，我的個性有百分之八十遺傳她，每當我們吵架的時候，她就會說自作孽不可活，讓我害怕到不敢生小孩，怕我小孩以後也會折磨我。

爸爸，本書最佳男主角，名叫李世榮，獲得西北大學電腦博士學位的高學歷男子，平常最愛亂跑、最愛玩，每當假日最愛帶孩子們去西門町看汽車模型，平日晚上也愛看電影、吃好料；是某公司的董事長，及多家公司股東，曾說過的經典名言是：只要有了小孩，人生最巔峰的有錢生活，就已經過去了。

旅程的開始，總是特別慌亂。

在美國，二十五歲以下的駕駛在租借車子時，都需要再加上保證金，會比一般租車還要貴，所以為了這個，我們必須先在網上用爸爸的名義訂車，這對弟弟來說是輕而易舉的事情，因為爸爸生活非常規律，平常大概晚上十點半就睡了，再次起來的時間是凌晨三點上廁所，在這過程中根本不會醒來，於是弟弟就展開他的計畫，偷偷的拿爸爸的錢包，並將他的駕照抽出來拍照再跑回房間。

用了電腦一陣子，弟弟轉向我超無言的把駕照丟過來：「根本不需要用到駕照啊！直接寫護照名，再用我的信箱跟聯絡電話就好，我們到那邊再拿出爸的護照和國際駕照就好。」

「對啊！我剛剛還想到，其實要用也應該是國際駕照而不是台灣駕照。」我一邊閃躲弟弟丟的一連串娃娃，一邊回答。

「什麼鬼……那我剛剛幹嘛這麼辛苦的偷駕照！」想著剛剛踮起腳尖走進去，之後還風光帥氣高舉駕照進房門，弟弟滿臉無奈。

「沒關係啦！反正在你去拿駕照的那段時間，我就已經搶好三張便宜機票了，去洛杉磯來回直飛加行李只要一萬六千塊台幣，超便宜啊！」我得意得像剛參加奧運拿金牌。

「啊！等一下，妳說來回機票嗎？我們不是要去公路旅行嗎？妳買來回幹嘛，到洛杉磯了以後直接從紐約走啊，現在還能退嗎？」

「不能……」我緩緩的往後退了幾步，卻還是被弟弟的兩隻手抓住，用力的搖了搖肩膀。

「妳這個蠢蛋……」

「可是洛杉磯現在單趟就要一萬零兩百元，然後紐約到台灣最便宜也要一萬八千元啊！」我不要臉的為自己辯護，一副想得非常周全的樣子，理直氣壯的回答。

原本作勢打我頭的弟弟，立刻將手收回，接著抱著我感動的說：「妳真是個天才，這樣就省很多錢了。」

「但是我忘記算紐約飛到洛杉磯的機票價錢了。」我回抱弟弟覺得我們姊弟倆感情真的很好。

「……」緊接著我被弟弟推倒在地並用力踩了三下。

很快的過了兩個月，這趟旅程就要出發了。

爸爸拿了非常小的行李箱出門，雙胞胎分別拿了二十四、二十八吋的行李箱出門；爸爸拿了三件衣服兩件褲子，雙胞胎拿了一個禮拜的衣服跟褲子，外加洗衣精；爸爸帶著人民幣，雙胞胎帶上了所有的卡加上早已換好的美金；爸爸拿著護照和台胞證；雙胞胎拿著美國護照外加爸爸需要用到的美國簽證。

早就和媽媽串通好的雙胞胎在出發前就跟媽媽講好要到哪一個航站跟上哪台飛機，一路上媽媽非常興奮，差點要問我們去美國的第一個晚上要住哪裡，雖然媽媽是我們這趟旅行的最大贊助商，但不得不說她時常太過興奮而劈哩啪啦的東問問西問問，也因此我們只好打斷她一連串可能會讓我們曝光驚喜的問題。

「我們去上海後就直接住爸的家，不然要住哪裡？爸好像這次回上海前幾天有事情。」弟弟及時打斷媽媽的問話，順便提醒媽媽，爸爸還不知道要去美國的這個事實。

「是的，嘟嘟婆我們前幾天都還會待在上海，過幾天我再看帶小朋友去哪裡玩，可能去一趟西安，我們 Erica 小姐很想看一次兵馬俑。」嘟嘟婆是我爸給我媽取的小名，Erica 則是我的英文名字。

「這樣子啊……」發現自己差點把驚喜戳破，媽媽有點尷尬的看著我們：「那你們好好玩，防曬乳記得擦一擦。」

「好！」在我應聲的同時，我們也已經抵達了機場，興奮的將所有行李卸下後，我和弟弟抱了抱媽媽準備道別，爸爸看到這難得的畫面也跑過來討抱抱。

在媽媽離開後，我們就趕緊托運行李，原本是想到登機門再揭曉去美國，可是機場內滿滿的登機航班、訊息，再加上爸爸站在電子板前找尋我們的報到櫃台：「奇怪？我們的號碼是什麼，你們再講一次，我怎麼沒找到前往上海的班機，剛看到北京的也是晚上六點十分起飛，航班資訊你們有印出來嗎？我看一下。」

所以，我們決定直接把他拉到報到櫃台後，就直接揭曉我們的驚喜。

「你們確定是往這邊走嗎？這邊都是往美國的班機，洛杉磯、奧蘭多……」

「對啊！我們是要去洛杉磯沒錯啊！」拿出美國護照、美國簽證，並遮上我們的航班資訊，只見爸爸傻眼嘴巴呈O字型。

太過傻眼的爸爸雖然跟著我們站入隊伍中排隊，但還是拚命看著簽證上的字，並一再確認：「你媽知道嗎？那之前給我的航班號是什麼？我就想說我去上海明明就沒搭過Y開頭的班機，機票呢？是誰付的？我的信用卡嗎？」

「你不知道嗎？這是你的生日禮物，那號碼是我們隨便掰的啦！我們要搭乘的是CI0024前往洛杉磯的班機。」我和我弟對望一眼，開始唱起生日歌吸引不少人的注目，但最該有反應的那個人只是緊皺眉頭。

「我的生日不是十月十四日嗎？現在才九月！不要開玩笑了，真的是這班機？」

「就是因為意想不到才是生日驚喜啊！這次我們要去美國公路旅行，全家都知道就你不知道，機票、租車錢是我們雙胞胎付的，另外姊姊還有給你零用錢，媽媽有付住宿的費用，我們也有帶很多錢讓你可以吃好吃的。」

就算我們都一一說明，並把怎麼租車、訂機票，之後幾天去哪都一一交代，但直到我們報到、行李托運後，爸爸才漸漸相信。

對爸爸來說這驚喜太突然，讓他腦袋一片空白，真正將他拉回現實的，就是地勤遞給我們機票時，用鉛筆圈起登機門及最後登機時間的聲音：「等下記得看行李有沒有過安檢再走，祝您們旅途愉快！」

在地勤遞給我們機票，上面寫著大家的護照名、航班、登機櫃台後，爸爸才漸漸回神，也因為太過震驚忘記跟上海那邊的員工先交代會議延後，直到去了美國當地，才急忙打國際電話通知助理，同時在上飛機前也因太緊張而跑了好幾次廁所。

「搭乘 CI0024 到洛杉磯的乘客，請至五號登機門準備登機。」機場廣播時，爸爸緊緊跟著我們，好像最後只有雙胞胎上得了飛機一樣，到現在他還是無法完全相信自己即將達成夢想。

他的夢想就是，和家人一起來趟美國公路自駕旅行，而年輕時許下這個夢想的爸爸，還不知道未來的妻子是誰，以及將來會有幾個孩子，如今他終於要圓這個夢了。

但不一樣的地方是，並不是他帶著家人去美國公路旅行，而是他的孩子——一對雙胞胎姊弟，帶著即將滿六十歲的他，以驚喜的方式帶他完成這個夢想。

去美國的這趟旅行，讓我和弟弟的銀行戶頭少了整整一半的錢，但這對我們而言是很值得的，因為能讓爸爸完成這個夢想，比什麼都還要重要，我們留下的回憶是無價的，也是任何人奪不走的，同時也是我們應該做的。

上飛機後的爸爸，被夾在雙胞胎中間。

因為我們的機票很便宜，所以很多機位是不能選的，我們的位置順勢的被安排到最後一排，好處是離廁所很近，壞處是一有人拉肚子，廁所門開啟的瞬間臭味就會陣陣飄來，且這樣的情況會持續整整十六個小時左右。

「我原本想把《哈利波特》第一集到最後一集看完，結果發現這台飛機只有《哈利波特》最後兩集，害我之後不知道要幹嘛。」

「妳可以複習一下《阿拉丁》，聽說音樂劇的版本跟真人版電影比較像。」弟弟隔著爸爸對我說：「或者妳可以把柯南的所有電影版看一遍。」

「也或者，你們現在可以跟我說說你們的行程？你們帶了多少美金在身上，我們一下飛機後要去哪裡，住宿訂了沒？」一直被我和弟弟卡在中間，覺得位置很小的爸爸，已經深刻體會自己是真的要去美國。

「一開始會先去領車，住宿已經訂好了，在飛機場附近，然後我們明天想要去趟美國社會安全局，去要一下我們的社會安全碼，再去迪士尼。」原本想拿出行程表，但是行程表在包包裡，而包包放在行李艙。

「不可以！不能這樣安排，妳第二天就要去迪士尼？那錢不就馬上花光了，要放在最後一天才可以，而且從社會安全局去迪士尼要一段路程，這樣玩的時間不夠多，會有點可惜。」爸爸雖然在抵達美國後會換一點現金在身上，避免我們的錢不夠用，但還是以我們幫忙付錢為主，所以他很擔心超愛迪士尼的我，在第二天就把錢都花光，導致之後旅程艱辛、困苦，同時也因為他以前讀西北大學，所以對美國的道路、景點距離，還是非常有概念的。

「那我們改去星光大道那邊？」弟弟把正在看的《阿拉丁》按暫停，一起討論。

「可以……對了！我們不是在下午三點就會抵達美國嗎？我等下下飛機問問你們的堂叔，今晚有沒有空跟我們吃飯。」

「我們有堂叔在美國？」我和弟弟一起震驚的看著爸爸。

「對啊！而且你們還有三個堂姊，你們不知道嗎？啊對啦我忘記跟你們提了……我和堂弟小時候都玩在一起，我們非常親。」

年輕爸爸抱著出生不到兩個月的雙胞胎

「……」直到二十三歲才知道我們還有三個堂姊跟堂叔，這真的太誇張了！

「那老爸來排一下，我們一抵達就先去租車、入住飯店，看晚上能不能跟堂叔用餐，明天先去星光大道那邊……」

「或者迪士尼。」我抱著希望再吶喊一次。

「……去完星光大道，晚上可以去聖塔莫尼卡碼頭。」很好，看來我的迪士尼美夢被爸爸完美攔截了。

「好啊！我們行程都沒有排死，因為想說你可能也有想去的地方，跟堂叔聚聚挺好的。」弟弟立馬同意爸爸的安排。

「好，如果堂叔有空我們就一起吃晚餐。」無論如何這是屬於爸爸的圓夢旅程，怎麼安排只要爸爸開心就好了，其它都不重要。

接著，我們將所有的行程都跟爸爸說了一遍，同時也被改了許多行程、路線，不過正如我說的，什麼景點都不重要，能夠讓爸爸開心的安排，就是最好的安排。

「語言是被創造出來的，在語言出現前，很多人都忘了我們都曾比手畫腳過生活，比起語言上的溝通，往往心靈上的才是最重要的。」

不會說英文的美國人

我是一個不會說英文的美國人，但我從來都不為此感到自卑，因為有些人有著厲害的語言天賦，有些人則沒有，每個人的天賦都會在必要的時候發揮出潛能。不過必須要承認的是，會講英文、第二外語的人，人生的起點確實會站得比一般人還要高，因為多了更多市場、機會去展示自己。

有時候我會想，如果我從小在美國長大該有多好，英文肯定會說得很好，但事實是，如果是這樣的話，我這輩子註定就不會說中文了，中文是全世界公認最難學的語言之一，所以對於我現在會說中文，我已心存感恩。

如果你和我一樣擁有美國國籍，卻不會說英文，一定和我一樣曾發生過這件事，那就是在入境、海關問話時，被帶到傳說中的黑房間。

所謂的黑房間就是攔下可疑分子的地方，大多數被帶往這裡的人都是通緝犯，或是運送毒品的嫌疑人。

「黑房間」是我幫那房間取的綽號，因為黑房間跟電影裡訊問室的房間一樣，有著黑黑厚厚的一片玻璃，在那層玻璃的後面一樣有群人在監視你，所以在做任何事之前都需要先想清楚，也可以說，不要在那房間裡做任何會被人認為「可疑」的事。

為什麼我會一直被帶去黑房間呢？因為我拿了美國護照，可是海關在問我話的時候，我總是緊張得支支吾吾、冷汗直流，而且不會說英文。再加上我美國護照上的照片，長得真的很像人口販子，一副凶神惡煞、到處追討欠債的樣子，同時也很像是那種，會被騙去運送毒品的無知羔羊。

至於英文到底爛到哪種程度，我只能自我感覺良好的說，其實我都聽得懂海關在問我什麼問題，只是我的回答可能太過簡單或文法錯誤，大約是我們講中文時，問外國人你今天想要吃什麼，結果他們回答「漢堡我想今天吃」一樣的感覺。

舉例來說，前幾次海關問我為什麼來美國時，我都這麼回答：「Because I

want to go Disneyland.」

問我為什麼去個迪士尼要長達一個月：「Because I with my Dad and brother come here playing.」

接著會問我住哪裡：「Oh my god, I don't know, stay in hotel.」

問我為什麼有美國國籍卻不會說英文：「Because my dad and mom marry and then live U.S.A two year, until I born , so they go to Taiwan.」

接著就會有人把我帶去黑房間，五次大概有三次，唯一兩次沒有是因為我和弟弟一起過海關。

所以每次要入境美國時，我就會像是要打仗一樣，我總是想像著如何成功過海關，而且最棒的地方就是，我會先背好我要回答什麼，每一次失敗被帶去黑房間時，都會從中學到教訓。

當然，除了更換美國護照上的照片。

這次我超有自信，因為我把為什麼要來美國的問題都事先預習好了，當弟弟過了海關擔憂回頭看我時，我對他投以自信的笑容。

是的，我絕對沒有問題，不過是英文而已嘛！

海關問為什麼來美國，我毫無破綻的用英文回答要來公路旅行；問我為什麼來公路旅行，我回答因為爸爸生日想幫他慶祝；問我公路旅行的路線會經過哪些地方，分別待多久……我只回答得出紐約、華盛頓、芝加哥、舊金山，而且還發音十分不標準。

接著如我擔心的，我再度被帶去了黑房間。

黑房間——這個第一次來，讓我思考怎麼在英文爛的情況下，請律師來辯護的地方；這個第二次來，讓我思考怎麼在不被發現的情況下，丟手鍊脱襪子證明曾來過此的地方。

第三次來這邊，我早就駕輕就熟了，雖然依舊聽不懂快速的一連串英文，但知道大概就是要對我做一些檢測並請我好好配合。

隨身行李、包包都會被仔細檢查一遍，接著就會被搜出台灣護照，航警會將護照拿去電腦打幾個字，再簡單拿出一個像濕紙巾的東西請你擦手，這個濕紙巾是要確認你沒有接觸過毒品，緊接著他們會很有禮貌的將所有東西再放入你的包包，面帶凶狠卻溫柔的對你說：「Welcome home.」

當美國航警搜到不同國家的護照時，不需要太擔心，因為美國是允許有雙重國籍的，只不過會被登記在資料中，註明你是一個有雙重國籍的人，等到登記完了以後，就可以含淚走出黑房間，這時他們會對你特別親切，重新帶你到過海關的地方，讓海關蓋章再「護送」你離開。

這時雖然腦袋會想說，還真是「歡迎」我回美國，但還是很感謝他們細心搜查所有恐怖分子，每個國家都需要這些盡責的航警、海關。

可能很多人會疑惑，為什麼我要一次帶美國跟台灣的護照，因為如果是用美國護照入境台灣的話，就需要每三個月出國一次，不然就需要有簽證，所以有雙重國籍的人都會一次帶兩本護照，用美國護照出境，再用台灣護照回來。

再來為什麼不能將護照放在行李箱裡，需要隨身攜帶？因為護照本來就是一個很重要，需要隨身攜帶的證件。而且就算放在行李箱裡，在過X光的時候還是會被地勤、航警檢查出來，最後都還是會被要求將護照帶在身上。

順帶一提在我這次回美國後，我發現美國已經有自動通關了，因此我下定決心下次來一定要申辦自動通關，讓我未來的旅程可以更順利。

在被海關親切「護送」過海關後，我發現弟弟跟爸爸已經不見了，雖然知道他們對這樣的現象早已習慣，但還是覺得挺心灰意冷的。就算我跟蟑螂一樣殺不死，也不該不關心我，認為我一定可以安全離開黑房間，好歹也該在海關外等我出來，在腦中碎念很多次後，我便看到熟悉的身影。

「我回來了！」循著航班號碼找到拿取行李的地方，看到早就拿好行李等待我歸來，且一點也不擔心的爸爸和弟弟。

「妳是被問什麼問題怎麼又被攔？」我弟好奇的問我。

「那你又是被問什麼問題沒有被攔？」我好奇的問我弟。

「他只問我要來美國旅行的目的，接著就祝我順利。」

「他問我來美國旅行的目的後，接著問我要去哪些地方，分別待多久。」我微笑的回答。

「這樣子啊……可能是因為妳長得太像毒販了。」一臉「妳懂的」的表情，弟弟緊接著說：「對了，我們已經確定會跟堂叔吃晚餐了，約晚上七點，所以我們動作要快一點，我剛已經找好要怎麼取車了。」

事後我才從弟弟那邊知道，在等待我出來的過程中，爸爸非常緊張，一直來回踱步，最後因為海關人員請他們離開，不能站在出口處，他們才先到下面行李處等我。

首站——洛杉磯

PierBurger
SANTA MONICA
66
End of the Trail
FIRE DEPT.

「行程表是給需要計畫的人用的，生命中真正重要的旅行，從來都沒列在行程表上。」

擁有夢幻工作的堂姊

Hotel Constance Pasadena 是我們入住的第一間飯店，雖然已經是老飯店，但裝潢卻十分現代、時尚，是一間年輕人也會很喜歡的飯店。有許多名人都入住過，包含知名女星奧黛麗・赫本。停車費大約為十九元美金，位於市區而且鄰近社會安全局、聯邦大廈，與星光大道、好萊塢等知名景點也只有二十分鐘的路程。

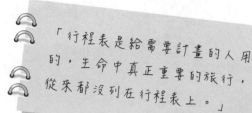

入住時我和弟弟非常興奮，因為這裡有很漂亮的泳池和健身房，而且聽說早餐也很好吃，就連爸爸也很滿意，從在大廳開始就一路微笑，好心情全寫在臉上。

不知道大家有沒有看過一部迪士尼影集叫《小查與寇弟的頂級生活》，裡面有個角色叫艾斯特班，他是一名超可愛的行李員，每一次在搬完行李後就會跟客人要小費。

美國的小費文化，是很早以前就有的，許多地方都將小費列為必收項目。現在不只美國，就連很多歐洲國家，也都有小費文化，而且小費不再是依照客人的心情給，只要在市中心的餐廳、飯店消費，就會看到菜單下面有一行小小英文字，翻成中文大概就是告訴你，這家餐廳的小費，客人通常都是給多少至多少美金。

所以對於自己拿行李這件事，我們有十足信心，天真的認為只要一開始就死抓行李，就不會遇上行李員收五塊美金小費的事情。

但就如同上面所寫的，真的是太天真了……當你死抓自己的行李，而行李員高達一九〇公分左右，長手長腳、力大無窮時，無論怎麼死抓都沒有用，你只會感覺自己也被放進行李推車裡，一起被推著走。

於是，我們放棄了。

到達門口時，我們跟行李員道了謝，將五塊美金放進他手裡，故作毫不在意的揮揮衣袖，不帶走一片雲彩的模樣，帥氣的關門，哪怕心裡在滴血也守護了亞洲人的骨氣。

進入房間將所有行李整理好後，我們換上稍微正式的服裝，便出發去找堂叔，整個入住過程不到五分鐘，便以迅雷不及掩耳的速度，重新回到了車上。

同時也注意到，爸爸一直沉浸在自己的小世界裡，絲毫不掩飾自己的好心情。

爸爸一邊開車一邊微笑，這樣的畫面讓弟弟過一陣子忍不住問：「你在笑什麼？是太開心嗎？」

爸爸開心的回答：「兒子啊！你知道我剛跟助理說，因為被你們騙來美國，所以所有會議都需要調整、延後時，他的反應是什麼嗎？」

「好爽，這一個月可以早點下班？」弟弟逗趣的回答。

「不是，他說雖然這樣會讓他很忙，會議都需要調整時間、工作需要重新安排，但他很為我開心。」

「他說從他剛進公司開始，我就和他提過，想帶一家人去美國自駕旅行，沒想到這個願望，卻被你們搶先完成，你們都對我很孝順，他很為我開心。」

「看到你開心，我們也很開心！我們都長大了，能帶爸爸媽媽出門，無論是去哪我們都很開心。」我把爸爸當小孩，摸了摸他的頭，爸爸淘氣的也摸了我的頭。

從小，爸爸就說要帶我們去美國公路旅行，但這個願望卻一直沒有實現。

大約在我們幼稚園的時候，爸爸就將公司轉往上海，三個月才回來一次，每次最久也才待一個禮拜，那時候我們還不懂事，只覺得爸爸每次都拋棄我們自己出遠門，久久才見一次。

每當送機時，我和弟弟、姊姊都會抱著他大哭，叫他早點回來，那時候的爸爸很辛苦，因為投資出了點差錯，導致我們家經濟狀況並不好，他需要改變經營公司的方式、變換跑道。

從幼稚園到現在也已經好幾十年，不同的地方在於，爸爸現在比較不忙，一個月就會回來一次，一次待快兩個禮拜。

「等下要見面的堂叔，從小和我、叔叔玩在一起，我們感情很好，剛剛一問能不能一起吃晚餐，他馬上就答應了。」我們的飯店離餐廳很近，感覺沒開多久就要抵達，在快到時爸爸快速的叮嚀我們：「等下一進去就要問好，要有禮貌。」

所有事情的發生，都有它的安排，可能是一場歷練，也可能是場可遇不可求的驚喜。

我們一進來就看到堂叔前來給我爸大大的擁抱，在堂叔的引領下，我們見到堂嬸跟兩個堂姊，還有堂姊的表姊。

「嗨，我叫 Tiffany！」看得出來我們不太會說英文，所以堂姊們都很努力地用中文跟我們交談，其中較大的堂姊叫 Tiffany，和我姊姊的英文名字一模一樣，是三個堂姊中的老二，老大因為在工作所以沒有前來，Tiffany 長得非常可愛，人也很善良、大方，兩隻眼睛大大的，感覺人很好相處也十分聰明、有活力。

「我叫 Brittany。」與我們同年的堂姊比較害羞，但感覺私

與堂姊們吃的第一頓晚餐

底下也很活潑，和 Tiffany 一樣都留長髮，兩個人都有櫻桃小嘴，嘴巴超級小，小到讓人羨慕。

堂姊的表姊叫做 Mandy，她本身就散發優雅的氣質，很漂亮講話也很溫柔，熟了以後會發現她也是一個開朗女孩，跟我們一樣在台灣長大，但在二〇〇六年時開始來美國唸書，現在已經搬到美國來工作，剛從芝加哥搬到洛杉磯。

我們在跟堂姊們溝通時，常會出現兩邊都不知道對方在說什麼的情況，這時候我們和兩個堂姊 Tiffany、Brittany 都會很有默契的一起看向 Mandy，當她發現大家炙熱的眼神——也就是接收到我們和堂姊們求救的訊息時，就會快速的幫我們做翻譯。

吃飯時堂嬸說了許多第一次見到我爸爸的故事，還有堂叔和爸爸小時候的故事，原本以為會很尷尬的，結果大家碰面後就有說不完的話，我也非常喜歡我的兩個堂姊，以及她們的表姊 Mandy，當然還有熱情的堂叔、堂嬸。

當堂叔、爸爸回憶完小時候的故事時，我們已經吃得差不多了，因為餐點太好吃，所以每個人都吃了兩碗飯。

「如果你們明天沒有什麼安排的話，也可以請 Tiffany 帶你們玩，她明天剛好要帶 Mandy 參觀她的公司。」堂叔親切的提議，同時用英文問 Tiffany 的行程。

「Tiffany 是在哪裡上班？」爸爸很好奇 Mandy 為什麼會想去 Tiffany 的公司參觀，因為在台灣，很少公司會開放讓別人參觀，通常這種都是觀光景點、工廠，或社群媒體公司。

剛好爸爸在問的時候，堂叔已經和 Tiffany 確認好行程，所以堂姊就微笑的回答爸爸：「我明天跟 Mandy 約下午，可以帶堂叔、堂妹、堂弟一起參觀。」雖然知道爸爸聽得懂英文，但堂姊還是用中文對著我們說：「我在這裡上班。」拿著我的手機，堂姊開心的說。

「iPhone？Apple？」爸爸露出震驚無比的表情。

「不是，是這個！」堂姊拿著我的手機再度揮一揮，但這次她的手指著我的手機殼：「The Walt Disney Company，華特迪士尼公司。」換我露出震驚無比的表情，天啊！居然是我的夢想公司，華特迪士尼。

迪士尼對我的童年影響甚大，從小我就是看迪士尼卡通長大的，知道各種大家都不知道的冷知識。像是第一部水彩概念畫法的動畫是《小鹿斑比》，其實在米老鼠前還有一個元祖角色，叫做幸運兔奧斯華，到了現在我的房間還充滿許多迪士尼未拆封的玩具，以及超多絕版的迪士尼木雕。

「能去總公司參觀，真的太幸運太難得了，謝謝堂姊！」我瞬間眼睛發亮，充滿感動的看向弟弟，同時弟弟也對我投以感動的眼神：「明天去完社會安全局、聯邦大廈玩完透明溜滑梯後，再看怎麼去找堂姊會合。」雖然不知道去完迪士尼公司後，還有沒有時間去星光大道、好萊塢，但對我們來說，就算這趟沒去到，之後來美國也還能再去。

而進入華特迪士尼公司參觀的機會，就只有這次而已。

「我們約下午一點，我先把地址傳給你們。」堂姊和我互加 Instagram，透過小盒子互相傳訊息，確認收到地址後，我再也忍不住我的興奮：「妳在哪個部門上班？」雖然堂姊很認真的回我一串英文，但都是專有名詞，我只知道大概就是負責官網的運作、更新。

知道堂姊在迪士尼上班後，她整個人在我眼裡散發光芒，讓我無法直視。

吃完飯後，我們與大家揮手道別，同時我也再三確認明天約好的時間、地點，抱持著感恩的心情，就和爸爸、弟弟一起回飯店。

完全忘記隔天要去社會安全局，領取我們社會安全碼的事情，一整晚開心無

1 龍蝦餐廳
2 與堂姊全家的合照
3 開門迎接的堂叔

比，就連洗澡都快樂的哼歌，晚上還看起迪士尼電影《小飛俠》，完美的克服時差。

「很多時候我們會做很多想像，事先替自己打上預防針，但實際上事情並沒那麼糟。」

社會安全局的驚恐抽考

直到隔天吃早餐時，才又再度想起，要去社會安全局的事情。

「我會不會因為英文太爛，所以直接被收回美國公民的身分？」在吃早餐的時候，我因為太緊張而顯得憂鬱。

「不會啦！怎麼可能會收回去？反正之後我們也是一起去櫃台辦理，我在妳旁邊妳不用擔心會有什麼問題，而且老爸也在。」

像是要去醫院抽血、打針一樣，吃完早餐後我每走一步，都好像世界要毀滅似的，這種感覺就像是在別人直播的時候，安排你衝進去裡面跳廣場舞，明知道會被全世界的人嘲笑、肉搜，但你還是必須要做。

「有沒有這麼誇張？」看著我一早精神萎靡、意志消沉，爸爸只覺得好笑。

「如果我等下直接在現場被沒收護照，判定需要遣返的話，你們可以用英文幫我爭取，拜託他們明天再送我離開嗎？」

「女兒，這是不可能的，如果要遣返的話，你會在一開始的時候就被帶去警局。」爸爸認真的回答：「而且因為我們是關係人，也會被偵訊。」

「那弟弟去就好，我其實已經知道我的社會安全碼了，只是沒有文件證明而已，至少可以在台灣開戶了。」

「都來了，就順便辦一下啦！就跟妳講，等下一家人會一起到櫃台辦理。」既然弟弟都這麼說了，我也只好提起勇氣踏入社會安全局了。

社會安全局類似台灣的美國在台協會，負責處理美國護照、綠卡的相關辦理。美國因屬地政策，只要是在美國出生的人，就可以來這辦理美國護照、綠卡，所以像我們這種小時候有社會安全碼，長大後卻發現被媽媽弄丟，在台灣無法順利開戶的可憐孩子，來美國時就會需要到社會安全局，確認我們的社會安全碼，以及索取相關紙本證明。紙本證明會需要美國地址，而且需要工作天，不能馬上拿到，我們這次來就是寫堂叔家的地址，從紐約回來後會再去跟堂叔拿。

「等下老爸會跟你們一起去領號碼牌，之後等叫號到櫃檯，交給他們文件就可以了。」爸爸帥氣的進入社會安全局，一進去就和負責抽號碼牌的公務員說明來意，緊接著他遞了兩份需要填寫資料的文件，還有筆、號碼牌給我們。筆兩支、文件兩份……等等……號碼牌也有兩張。

「?!」

我驚恐的從爸爸手中拿取了其中一張號碼牌：「不是說好，兩個人一起的嗎？」

「他們說就算是家人，也要一個一個來，因為需要兩份紙本。」爸爸回答。社會安全局跟美國在台協會一樣，入內不可以拍照、使用手機，我絕望的握著手機，就算想要事先查好哪些單字該怎麼發音也無法。好在雖然我口說真的非常不行，文法也爛到國小一年級的小朋友也比我厲害，但是我閱讀能力真的還不錯，我很快速的把文件上需要的資料寫完。

很快的就叫到弟弟了，弟弟迅速的前往櫃檯，我清楚的看到他被問了超級多的問題，還一副很開心的模樣。緊接著就輪到我了，我心跳瞬間加速，爸爸牽著我的手一起去，示意他也會在旁邊陪我，幫我回答問題。

公務員一開始先確認資料上並沒有漏寫，之後便詢問我在哪裡出生，我快速的回答：「San Francisco.」

之後簡單確認生日、名字後，就蓋章結束了。

對，真的就是這麼簡單，我爸爸也很訝異，我一臉得意、風光的走回位子上，和弟弟炫耀：「她問我問題，我都聽得懂，而且我也回答得很好。」

弟弟很驚訝的問：「她問妳什麼？」

「名字、生日、出生地。」我越講越得意。

「還有呢？」弟弟繼續問。

「沒了。」我回答。

「這就跟外國人來台灣上課，第一天自我介紹說『大家好我叫安德魯我來自美國』一樣的簡單。」

「我還講了我的生日欸！比這個厲害吧？」

「……妳對妳自己有很大的誤解。」

在輕鬆順利的完成首要任務，前往社會安全局拿回社會安全碼後，緊接著爸爸也有任務要做。

那就是前往銀行保險櫃，取回我們放在裡面長達二十年的貴重物品。

這件事是在今天早上吃完早餐後，爸爸才跟我們說的。

昨天，在爸爸反應過來，自己已經來到美國的時候，已經是半夜的事了。

因為有時差的問題，所以他睡不著，晚上時就跟我要了行程表，準備好好研究一番，除了加入自己想去的景點，順便了解一下我們安排的路線。

當他打電話給媽媽報平安時，媽媽特別交代他一個任務，那就是請他去銀行把媽媽保險櫃的東西都領出來，這樣才不用每年繳保險櫃租金。爸爸當下就問媽媽保險櫃裡放什麼，結果媽媽說她也忘記了，雖然當時是他們兩個一起去申請、租借的，但二十幾年過去，根本連裡面放什麼都不知道。

於是爸爸決定行程的最後再拿，但因為領取的手續不少，所以他決定還是先把所有程序都先辦好，順便跟銀行預約好之後來拿的時間，當然最重要的目的，還是去確認裡面放的東西到底有什麼。

所以處理好社會安全碼的問題後，我們就出現在銀行裡了，而且一抵達沒多久，爸爸就進入一個小房間，我和弟弟從那刻開始就被遺忘，不停的出銀行再進來、進銀行再出去，絕對不是因為我們過動，而是冷氣真的冷到我們以為這裡是北極，等待的時間還遠遠超過我們的想像。

過了大約一小時後，爸爸才從裡面走出來，接著就有人帶我們去看保險櫃，一路上開鎖的銀行人員替換不少鑰匙，每進一扇門都要開鎖，就連我們的保險櫃也需要兩把鑰匙才打得開，等到銀行人員將最後一把鑰匙交給爸爸，離開保險庫後，爸爸才打開保險櫃。

「！」開啟保險櫃的瞬間，我不知道該用什麼表情。

「什麼鬼！」弟弟也同樣驚訝。

「居然放這種東西！」爸爸同樣無言。

映入我們眼簾的物品，是一顆拿起來左看、右看、上看、下看，無論你怎麼看都只是鈕扣的鈕扣，而且看起來就像是我們一般去買衣服時，衣服附贈的那種，萬一掉了也沒關係，反正有替代鈕扣的那種普通鈕扣。

「我只想問那件衣服還有留著嗎？」我傻眼的問著爸爸。

「肯定是丟了。」爸爸十分篤定。

「所以為什麼花二十年的時間租保險櫃，然後放一顆鈕扣？」弟弟不解。

「啊！裡面還有東西啦！」爸爸又打開一個內層蓋子：「我就想說一個鈕扣，

怎麼可能這麼重。」爸爸尷尬的看著我們，接著所有人的目光都集中在保險櫃裡。

裡面東西其實挺多的，但感覺很零零散散，我可以猜到當時媽媽在放的時候，可能只有兩、三件東西很昂貴，但又覺得保險櫃的租金不便宜，所以硬是多塞了不少東西。

當然，還包括那顆讓我們所有人都很傻眼的鈕扣。

「這裡還有穿線的那種針。」我拿起了一根針，無奈的心情全表現在臉上。

「重點是這根針也不能用了，穿線的針頭，都生鏽到沒有縫可以給線穿了。」弟弟震驚到思考人生。

「到底是什麼衣服，對妳媽來說這麼重要？」爸爸說完仰天長嘆。

雖然事後爸爸也有問媽媽，但媽媽就如同我們所猜到的也同樣困惑，於是這件事情就成為無解的謎，沒人知道當初為什麼媽媽要在銀行保險櫃裡放一顆鈕扣，和多年後肯定生鏽到不能用的針。

在找堂姊前，我們還前往聯邦銀行大廈 Los Angeles 溜高達七十樓的透明溜滑梯，同時還看了三六〇度美景。除了第一站社會安全局讓人很緊張外，其他地方都非常順利。

「對父母來說，很多的難得並不是難得，所謂的難得是建立在孩子們開心的基礎上，只要孩子開心，無論什麼事都會被扣上難得兩字，尤其對父親來說，女兒如同鑽石，比什麼都還要重要。」

美夢成真的華特迪士尼公司

因為行程緊湊的關係，我們沒有時間吃午餐。照著堂姊給的地址，開一段路後，我們抵達華特迪士尼公司，也就是迪士尼的總公司。它的坪數比中正紀念堂加小巨蛋還大，大到不同部門要分不同棟，而且還需要用編號去排列，又因為每棟都很大，所以你會分不清楚哪一棟是主建築，而且這只是冰山一角，舊棟比新棟大很多，而現在我們的所在地是新棟。

進去前，我們還迷路了一番，堂姊問我們在哪裡，我們便跑到最近的建築尋找上面的編號，並將編號跟她說，聽了編號後她思考了一下，便請我們繼續往前直走，大約走一五〇公尺後才遇到她，可見迪士尼公司真的非常大。

堂姊 Tiffany 跟堂姊的表姊 Mandy 一見到我們就開心打招呼，緊接著堂姊就去警衛室幫我們換證件，每個人會拿到一個屬於自己的簡單證件，雖然是用紙印出來的，但看起來超高級。

迪士尼公司有分舊棟和新棟，堂姊的辦公室位於新棟，這次很幸運的由堂姊帶我們參觀，因此舊棟和新棟都能看到。

迪士尼的福利很好，無論是新棟、舊棟都有迪士尼商店，商店內有許多外面買不到的絕版商品，將想要買的東西放置櫃檯，並出示員工證後，就能通通打六六折，包含我最愛的迪士尼木雕，以及我很喜歡的胡迪包包、聖誕節掛飾系列。

「等一下可以來逛逛商店，你們有想要的東西也可以跟我說，我買給你們！」爸爸對著堂姊和 Mandy 說。

「你有錢嗎？」弟弟質疑。

「當然有啊！老爸沒現金但有卡。」爸爸一臉得意的說。

跟所有人想像的一樣，迪士尼公司就和 Google 一樣，員工們有吃不完的點心和飲料，包含一〇〇%純果汁、汽水、糖果餅乾，就連早上吃的麥片、牛奶通通都有，還有咖啡機可以自由使用。

華特迪士尼公司

「在這裡工作好幸福啊！居然還有純果汁跟牛奶！」爸爸驚訝的一直看著冰箱，他可是最愛喝牛奶的。

迪士尼公司最好的福利就是在任何節慶時，會送底下所有員工最新的商品，每個員工都可以在佳節中享受被公司寵愛的感覺。

「慕盈如果能在這工作，不知道會有多開心啊！」每到一個地方，只要堂姊介紹完，爸爸就會說一句，可以看得出他超級興奮。

「英文啊……」我則是在一旁感慨。

甚至在舊棟，員工們有自己的電影院，就連新棟的員工也可以前往使用，所有最新上映的迪士尼電影，都會在那邊播放，全部免費。當然迪士尼也時常舉辦派對，讓在這裡工作的員工都能感受到工作環境如迪士尼般夢幻。

接著堂姊繼續說道：「迪士尼基本的福利之一，就是進入迪士尼樂園不需任何門票皆能免費進入，包含你能帶你的家人一起去裡面遊玩。」

「那迪士尼郵輪呢？」我忍不住問。

「迪士尼齊下的所有營運，包含迪士尼郵輪都有很多的折扣，但不像樂園可以免費進去！」堂姊笑著回答。

這下子我真的想把英文學好，進去迪士尼工作了。

堂姊介紹得非常詳細，沿路上都努力用簡單中文跟我們介紹，而迪士尼公司內的每一處小角落都藏著米奇圖案，就像我們以前在迪士尼卡通頻道看到的節目《米奇在哪裡？絕對難不倒你！》，包含部門的路牌都有迪士尼角色出現，旁邊的樹也是角色的形狀，地上的水溝蓋也有米奇的圖案。

緊接著我們進入了一棟建築，每個建築的入口處都有長廊，我們來到堂姊工作的地方，這裡的一樓是《星際大戰》主題，牆上都是星際大戰的壁畫，包含柱子還會發光，每走幾步就有一個櫥窗裝飾有迪士尼絕版商品，走到底甚至還有台電視，播放著星際大戰漫畫繪製的過程、電影拍攝時的幕後花絮。

為了讓我們看到整個迪士尼公司對辦公處的設計，我們走樓梯上來，每一層樓梯的壁畫都長得不一樣，一出樓梯的兩側就會有迪士尼最新商品，我們去的時候《超人特攻隊2》剛上映，所以有角色的衣服、周邊。

「這個我知道，一家人都是超人的那部電影！」爸爸只要看到認識的角色，就會很興奮的轉過來，期待收到我和弟弟的稱讚。

「答對了！看來你沒那麼古板。」弟弟一邊笑，一邊比個讚。

「那當然，你們小時候只要迪士尼電影一上映，都是爸爸、媽媽牽你們的手，進去電影院看的，你們都忘記了！」爸爸露出委屈的表情。

「我們老爸最棒了！」我趕緊在旁邊給予鼓勵。

對呀！以前迪士尼只要一出新的電影，都是爸爸、媽媽帶我們去看的，我們都忘記了……

迪士尼辦公大樓內，每一層樓都有不同角色的雕像，堂姊工作的這層樓就有布魯托和兩隻穿著魔法袍、經典開船的黑白米奇，另外還有創始人華特．迪士尼的照片。轉個彎後會看到漫威系列的巨大型長板畫布，分別有鋼鐵人、雷神索爾、美國隊長及綠巨人浩克，走不遠後又會看到以漫畫形式呈現的海洋總動員印刷畫。

迪士尼的辦公室跟一般公司差很多，每一個員工都會擁有自己的空間，公司非常注重員工隱私，座位都有隔間且位置很大，每個人會有兩張超大桌子，一邊是放電腦的工作區，另外一邊是讓員工放自己私人物品的桌子，門口處還會有米奇圖案的小掛牌，上面寫著員工的名字。

「這比我以前當教授時的辦公室還要大！」爸爸感慨著：「每個人都有自己的獨立空間真幸福。」

「大家都好可愛，放好多迪士尼的收藏、娃娃在桌上。」我羨慕的說。

「我們都很喜歡裝飾自己的辦公桌。」堂姊開心的說。

堂姊桌上放著兩隻維尼及雪寶的娃娃，其中巨大版的維尼頭上還放了胡迪的帽子，聽堂姊說是公司送給員工的，這樣的工作待遇，真的是全世界最好的了！

「新棟大概逛完了，我帶你們去剛剛入口處的迪士尼商店，看你們有沒有想要買的東西！然後等下開車去舊棟參觀。」堂姊說完，就帶領我們前往入口處的迪士尼商店。

商店內的東西非常多，雖然堂姊有說都是販售舊款商品，但我們根本不這麼認為。

一向不打折的迪士尼，對員工真的超級好，店內所有商品都下殺到六六折，有些甚至打到四折。

「Tiffany 要我跟你們說，來這一定要買徽章，這裡的徽章都是隱藏版、絕版的，是樂園裡買不到的。」堂姊的表姊 Mandy，簡直是我們的翻譯官，她總是能在第一時間，替兩邊翻譯。

迪士尼迷都會知道，迪士尼樂園內有一個非常可愛的隱藏版活動，很多人都會用交換迪士尼徽章的方式，和員工換到隱藏版絕版徽章，所以如果有機會進到總公司內參觀的話，一定要記得買這裡的徽章，許多都是外面買不到的絕版品。

「慕盈，這裡有你喜歡的木雕！」當我和 Mandy 在看錢包時，爸爸開心地跑過來把我拉走。

「哪裡哪裡？」同時我也很興奮的往老爸指的方向看去。

「你看，這裡有老虎、獅子！」爸爸開心的指著木雕。

「那隻老虎是茉莉公主養的老虎 Rajah，獅子是《獅子王》裡的辛巴！」我介紹。

「他們原來有名字？」爸爸困惑。

「老虎不知道名字很正常，但老爸……你沒看過《獅子王》嗎？那部電影從頭到尾就只有動物，而且主角就是那隻獅子，叫做辛巴！」弟弟傻眼的說。

「我們這些上年紀的人，怎麼可能記得獅子電影裡的獅子名呢？」爸爸替自己辯解，但莫名的很有道理。

「那你知道《阿拉丁》裡的男主角名字叫做什麼嗎？」弟弟問。

「叫什麼？」爸爸被考倒。

「阿拉丁。」

「……」

「女兒，所以你想買老虎，還是獅子，還是後面的公主、紫色章魚？」爸爸問，同時弟弟在一旁解釋，紫色章魚是《小美人魚》裡的烏蘇拉。

我在台灣就有收集迪士尼木雕的習慣，所以橫掃了所有我看上眼的木雕，在台灣都不會有任何折扣，還會漲價的木雕，在這裡居然下殺到六六折，而且都是外面買不到的，我怎麼可能不買呢！

看到我開啟「這時候不買什麼時候買」模式的爸爸，太害怕我們身上的現金就這麼被我花完，一方面覺得商品都打六六折很難得，又知道自己的女兒抱持強烈決心都要買下，因此從錢包裡拿出了國際信用卡示意要幫我付錢。

「Tiffany、Mandy，有什麼喜歡的東西就跟我說，叔叔送你們！」爸爸再次強調，喜歡什麼就挑沒關係，他可以幫大家付錢。

當我在猶豫木雕要買哪一個時，爸爸說：「都買下吧！外面買不到，這裡又在打折。」

當我拿起胡迪包包，在看價錢到底多少時，爸爸說：「這個挺可愛的，妳背挺合適，可愛可愛的，買下後一定要多背。」

當我拿著只有這裡才有賣的史迪奇印刷畫，爸爸說：「可以放在電視機旁邊，這樣每天都能看到。」

等等……這是天堂嗎？

「那這個呢？」弟弟拿著馬克杯，爸爸說：「不實用，家裡不是很多了嗎？」

「那這個呢？」弟弟拿著一支筆，爸爸說：「到底買筆做什麼，外面的筆不用打折也比這裡的便宜很多。」

「?!」看著我拿到櫃檯放的木雕、包包、印刷畫，弟弟有滿滿的問號。

「為什麼……」弟弟困惑。

「不知道！」我拍拍弟弟的肩膀，表示安慰。

買完東西後，我們便前往舊棟，因為有點距離，所以我們決定開車前往，一路上堂姊和 Mandy 都在用英文交談，大家要上車時，Mandy 轉過來問我和弟弟差幾分鐘出生。

其實這個問題我們從小被問到大，很多人在一開始我們沒說誰大誰小時，都會以為弟弟比我大，常常和弟弟講完話後，就順勢的問弟弟：「這你妹嗎？」

但事實是，我除了在日本以外都是他的姊姊。

在日本，只要是雙胞胎，先出生的就會是弟弟、妹妹，和其他國家很不一樣，因為日本人認為哥哥、姊姊都會禮讓自己的弟弟、妹妹先出生，非常有趣！

「相差七分鐘，一點點時間而已。」弟弟笑著回答 Mandy。

「那你們感情好嗎？」Mandy 繼續問。

「小時候慕藩很可愛，都會拉著我的手說要跟我當朋友，然後我很壞，我每次都會說……」

「幫我拿電視遙控器我再跟你當朋友、幫我倒垃圾我就跟你當朋友、幫我下樓拿東西我就跟你當朋友……」在我要講時，弟弟就打斷我繼續說下去。

「別這麼計較，都往事了！」我準備制止弟弟繼續講下去，但他用堅定的眼神繼續開口：「就是因為她對我很壞，才抹滅了我那顆善良的心。」

「這樣呀……」Mandy 一時不知道要說什麼，用震驚的表情看向我。

「我小時候比較白目、討厭一點。」我承認。

車子只開了一下下，座位都還沒坐熱、話也還沒說完，我們就抵達舊棟了。

動畫部是唯一一個擁有巨大藍色帽子的建築，在很遠的地方就能看到，裡面集結著全世界最厲害的精英，每當有人從建築裡面走出來，我都會投以崇拜的眼光，堂姊說她的員工證去哪裡都可以，但就是動畫部門不能進去，因為公司要確保，在任何動畫出品之前，沒有人事先知道裡面的內容，可見動畫部真的是一個很神祕、夢幻的地方。

「如果是老爸，在迪士尼工作就會在動畫部，因為我是電腦博士！」爸爸激動的表示。

「但你不會做動畫啊？」弟弟疑惑：「你可能進不了動畫部！」

「兒子！你怎麼能這麼說！」爸爸再度委屈。

「高層都不用進公司的，你一定是高層啦！」我安慰。

「還是女兒會說話。」爸爸欣慰。

迪士尼舊棟比起新棟厲害很多，因為它擁有迪士尼自己的電影院、片場，它們的片場跟環球影城裡的片場一樣大，旁邊像露營車的車子都是演員休息的地方，我們看到一位穿著劇服的小朋友剛從片場走出來，他身上的衣服是星際大戰裡的衣服，看來不久後又會有一部《星際大戰》上映。

幻想著如果我是這裡的員工，說不定有天會在這裡遇到小勞勃．道尼，我忍不住開心的看向弟弟。

「幹嘛？」弟弟問我。

「我在想說如果……啊！不對！」我皺了皺眉接著說：「原本想說，如果我努力練英文進來當員工的話，有可能可以遇到小勞勃．道尼……」

「然後呢？」弟弟一臉幹嘛不繼續講的臉。

「鋼鐵人不是死了嗎？」我難過的說。

「！」被入戲太深的我嚇到的弟弟震驚。

「我親愛的小勞勃．道尼……」我瞬間難過，還想說什麼的時候，堂姊就轉過身來，示意我們跟上他們。

「就跟環球影城一樣，迪士尼片場也都有大型海報。」堂姊指著片場上的海報，跟我們介紹，上面的海報全都是迪士尼曾經出品過的電影，無論是真人版或卡通，通通都有。

「這是我剛剛跟你們提到的電影院。」堂姊 Tiffany 指著眼前超大建築，愉快的說。

電影院超級大，雖然那時間並沒有開放讓我們進去，但從外面看就知道，跟外面的電影院有著一樣規模。當時正在上映的真獅版《獅子王》巨無霸海報，就掛在上方，堂姊也表示上禮拜才來這裡看電影。

「舊棟有很多新棟沒有的東西，包含許多原作的畫廊。」堂姊介紹完，就帶我們進入一棟放有許多迪士尼動畫角色原作的畫廊；這裡有非常多迪士尼動畫角色的人物設定稿，包含《美女與野獸》的野獸、《一〇一忠狗》的反派庫依拉、《獅子王》的小辛巴，還有第一版的動畫原稿、海報，全都是天價收藏品，是由真正的迪士尼動畫設計師畫出的真稿、海報。

雖然這個畫廊並沒有很長，大概就是電影院裡一廳走到四廳的距離，但我們逛了足足三十分鐘，每幅畫都會停下來拍照，拚命的想要在短時間裡，記下每幅畫的樣貌。

離開畫廊後，我們看到了一個跟動畫部門一樣厲害的建築。

那就是由七個巨大的小矮人所支撐的建築，小矮人巧妙的被當柱子使用，這樣的呈現方式，讓所有人都拿起手機拚命拍照，就連堂姊都說不管經過多少次，她都還是忍不住讚嘆。

七個小矮人的建築前面有很大的廣場，有華特・迪士尼與米奇、米妮的雕像，以及迪士尼樂園城堡和魔法棒的雕像，另外牆上也有對迪士尼貢獻十足、創造迪士尼角色的各個動畫、設計師們的手掌印，包含著名演員、監製、導演。

「必拍的還有迪士尼的巨大水箱，等下記得拍幾張喔！」堂姊細心的提醒。

這裡的水箱不僅是我有生以來看過最大的，也是最特別、活潑、可愛的，因為上面印有米奇的圖案，簡直超可愛！

一整趟下來我們拍了不少照片，就連爸爸的手機也有兩百多張照片。

在舊棟一樣有迪士尼商店，而且比起新棟來得更大，但是迪士尼木雕在新棟比較多款式，舊棟的玩具、聖誕節掛飾、文具類商品則比新棟多出許多，來到迪士尼公司內的商店，自然有幾項必買商品，除了剛說的絕版徽章以外，還有只有在這裡才買得到的迪士尼衣服，這裡的衣服只有員工才能買，所以穿出去別人會以為你也是迪士尼的一分子。

這次換弟弟買得比較多，弟弟買了迪士尼的衣服還有史迪奇聖誕掛飾，我則買了一張只有在這裡才買得到的迪士尼公司明信片，Mandy 也買了星際大戰裡的小公仔，買完東西後，我們的迪士尼公司參觀之旅正式劃下句點，其實在這過程中只花了短短兩小時，但卻好像過了一整天一樣，每看到一樣東西就驚奇一次，到了新的轉角又會遇到新事物。

我想這就是迪士尼美妙之處，它做到所有公司都沒辦法做到的事，那就是讓公司像是沒有圍牆一樣的自在，所有員工都可以不用對主管報備，離開位置去做自己的事情，只要把自己該做的事情做好。你可以逛商店、看電影，甚至是離開公司做自己的事，享受著所有免費的食物、飲料，走過的每個地方，都像是來到夢幻國度一般，許多動畫角色就藏在角落。

重要的是，你會為你是這裡的一分子感到驕傲，而且在這裡你不再有年齡限制，所有的大人都跟小孩子一樣的年輕，你可以表達你的想法、創意，你可以跟不同年齡層的同事當朋友，彼此像家人一樣互相照顧，能夠同時賺錢工作，又可以快樂的過每一天。

1	5
2	6
3	
4	

1 迪士尼公司地標——米奇水箱
2 迪士尼員工專用電影院
3 畫廊裡有許多動畫草稿
4 每一層樓梯都有不同壁畫
5 星際大戰壁畫
6 華特迪士尼與米妮坐在長椅上

許多人都覺得在工作上不可能找到快樂，就連喜歡的事物都會在工作中，漸漸消磨殆盡。但是在迪士尼不會有這樣的情況發生，每一天都會有驚喜，你的工作不是幾分幾秒要做什麼事，而是從工作中被啟發，並從中找到靈感。

「我們常說就像電影裡一樣，但其實每部電影都在演一個人的人生故事，我們常看著電視裡頭播放的電影，卻忘了我們人生本來就是場電影；差別在於我們的故事並不能按暫停鍵，也無法回放，因為我們買的只有一張單程票。」

好萊塢星光大道，簡稱詐騙大道

將堂姊、Mandy 載回新棟，並好好道謝、告別後，我和爸爸、弟弟再度踏上前往星光大道、尋找好萊塢標誌之旅。

好萊塢標誌，其實在很多地方都看得到，為了尋找好地點，在出發前往美國前，我和弟弟用心研究好一陣子，最後決定前往好萊塢湖公園（Lake Hollywood Park），來這邊的好處就是無論旁邊有多少人都不會擋到標誌，而且還能拍得很清楚。

在剛抵達時，我們就看到一位金髮美女坐在她男友的跑車上，身上背著愛馬仕名牌包包，搭配性感比基尼，腳上穿著高死人不償命的紅色高跟鞋，看起來非常時尚、有氣勢，原本以為是來這拍商業廣告的，但左看右看都沒看到攝影師，就連他男友也只是坐在駕駛座裡，當那女孩把胸口往前露出溝的時候，弟弟絲毫不掩飾他的興奮，就連爸爸的腳步也放慢許多。

正當我想要對他們說點什麼的時候，那女孩的男友突然從駕駛座下來，關上車門後便把坐在引擎蓋上的女孩抱起來。

天啊！是要拍情侶照嗎？我用眼神示意離他們最近的弟弟，去幫他們拍照。身為雙胞胎的我們，默契是絕佳的，弟弟一看到我的眼神，就立刻要向前幫他們拿手機。

沒想到卻有大大轉折，正當弟弟開口問需不需要拍照時，那男孩直接鬆手叫他女友站好，接著就開始破口大罵，大概是質問女友拍照就拍照，為什麼要坐在跑車的引擎蓋上，小倆口你一句我一句誰也不讓誰。

弟弟尷尬的轉回來看我；我尷尬的看向爸爸；爸爸尷尬的看著地板。

我們三個人就這樣沉默的默默爬了點山路，直到我的尖叫聲劃破天際：「你們看那台超可愛的車子！」

眼前的車子，完全吸引我的目光，上面圖案是烤漆上去的，黃昏時的天空配上棕櫚樹，看起來可以坐十個人，超級適合放在這裡，感覺很像電影裡會出現的情境，但實際上這台車對當地人來說，可能是輛非常普通的旅行車。

「剛才那個女孩應該跟這台車拍照才對。」我說。

走沒多久，我們來到一個角落開始拍照，弟弟的拍照技術被我訓練得很好，是一個完美的攝影師，知道全身照不可以切腳，一覺得我胖就會調整自己的拍照角度，當怎麼調整都還是胖的時候就會大吼。

「欸！縮一下肚子，妳很胖欸！」每當弟弟這麼說

好萊塢

的時候，我總會特別委屈。

「你沒發現嗎？我已經縮了啊……」我縮到都肚子痛了啊……

「那妳下次不要穿這件衣服，已經胖了還顯胖。」弟弟毫不留情的吶喊。

「……我知道了……」無話可說的我真的很可悲。

弟弟是個優秀的攝影師，拍了非常多好看的照片，尤其當他把我胸口以下身體全切掉時，總是拍得越來越順手。

「妳看，我把妳拍得很好看吧！」弟弟得意的拿照片給我炫耀：「妳可以換大頭貼了。」他看起來就像得攝影人獎一樣，呈現百分百的自信。

「真是不錯……我女兒就是臉長得像我，所以漂亮，只要不拍其它地方就會很好看。」爸爸不僅落井下石，還稱讚自己的基因。

無奈的我，在幫他們迅速拍一拍，又請別人幫我們拍張大合照後，便傷心欲絕的走回車上。

其實能跟爸爸、弟弟拍一張有著HOLLYWOOD標誌的照片，對我來說很有意義，因為這個標誌對許多人來說，是一個追夢的象徵，電影裡的主角在進入好萊塢之前，總必須先經過大大小小的挑戰，而進入好萊塢後又未必一帆風順，電影總在傳達各種道理給我們。包括我們的真實生活，總有幾處跟電影裡的角色重疊，我們總是一再突破、挑戰自己的極限。

所以當我看到照片的瞬間，就莫名有股衝動，想著若是能將這趟旅程寫成一本書該有多好？如果可以的話，我想把這本書當作送給爸爸的禮物，用我的一字一句，記錄下來。

同時也送給那些因為英文很爛，始終不敢踏上旅途，與我同病相憐的人們。

在離開好萊塢公園後，我們抵達觀光客必去的星光大道，這裡可是名副其實的詐騙大道！

「看到真的很喜歡的東西再買，不然肯定會被騙光的！」爸爸在剛停好車時，就提醒了我們。

「在路上如果有人要遞CD給你，千萬別順手收下，一旦碰到CD，他們就會簽名並硬塞給你，接著就會強制跟你收二十元美金。」上次我朋友就是這麼被騙的，一邊替那位朋友感到悲傷，一邊提醒爸爸、弟弟。

「很好，看來妳也知道，這裡很恐怖。」爸爸欣慰。

「等下我們會到杜比劇院，那裡是每年奧斯卡會舉辦的地方，那邊的樓梯、紅毯，一堆巨星都走過，等下我們也去走一走。」爸爸在停好車後，就勇往直前的一直衝，直到弟弟突然進入一家叫做「SWEET!」，有著強烈美國街頭風格的主題商店，才停了下來。

在好萊塢星光大道上有很多類似的紀念品店，裡面賣各種奧斯卡金像獎小金人、六十六號公路標誌等周邊商品。而這店挺特別的，正中央就放著一台蝙蝠俠的車子，旁邊還有爸爸那年代的老電影《ELVIRA 艾維拉驚魂》的絕版周邊商品，還有魔術道具、泡泡糖、DC 系列公仔。

我很喜歡收集明信片跟磁鐵，所以來到商店後，總是會先看明信片和磁鐵，也在這邊入手了一個有著六十六號公路標誌的星型磁鐵，等到結完帳及幫爸爸買好他想要的東西後，我們就前往離這不到三分鐘距離的杜比劇院。

杜比劇院（Dolby Theatre）在沒有奧斯卡典禮時，不會有紅毯，所以如果不是爸爸提到這裡是奧斯卡的舉辦地點，我們會以為這只是普通的劇院。劇院其實是可以入內參觀的，付大約二十美金，進去後會限制三十分鐘的參觀時間，緊接著就會看到全美最大的奧斯卡典禮頒獎舞台，還有高達四層樓的觀眾席。原本想進去參觀，但因為爸爸以前有來過，所以我們就將這筆錢省下來，包含我和爸爸都去過的杜莎夫人蠟像館（Madame Tussauds），在這次行程我們也沒有去。

離開杜比劇院後我們來到好萊塢星光大道，開始找尋明星們的手掌印，地上有很多的星星，有五種不同的圖案，分別為電影攝影機、電視機、留聲機唱片、廣播麥克風、悲喜劇面具。其中我們較熟悉的巨星們，都是對電視、唱片產業有貢獻的人，所以很多遊客都會聚集在這兩區，一路都在看星星上的名字，找到自己喜愛的明星時，就會拿起相機蹲下來跟星星拍照。

對於明星們來說，拿到這五種類別的星星，是最高榮譽，目前也只有歐馮．金．奧崔同時獲得五顆星星。能夠留名在星光大道上，是很多明星的目標，但也有不少明星得到留名機會卻拒絕，因為他們認為這些星星並不能代表他們的人生達到哪些成就。

因為之前來過的關係，所以我直接帶爸爸弟弟直衝中國戲院（TCL Chinese Theatre）。這裡擁有很多明星的手、腳印，其中包含小勞勃．道尼、休．傑克曼、《哈利波特》及《暮光之城》、《飢餓遊戲》、《LA LA LAND》的演員群、強尼・戴普，還有永遠的流行天王麥可・傑克森的簽名、手腳掌印。當然也有華裔導演和演員，包括吳宇森、馮小剛、成龍、甄子丹、黃曉明和趙薇，就連迪士尼的唐老鴨也在上面留了腳掌。

我們快速的在中國劇院拍完照後，又回到杜莎夫人蠟像館前，跟免費的瑪麗蓮・夢露、馮・迪索的雕像拍照。

「超多街頭藝人！」此時弟弟驚呼。

「慕藩，不要靠過去！」我趕緊拉住他：「拍照會被收小費。」

「那是蜘蛛人嗎？怎麼長得那麼奇怪？」此時又傳來爸爸的驚呼聲。

「不是，那是死侍……」

其實我覺得爸爸會認錯是情

爸爸與小勞勃道尼手印拍照

有可原的，蜘蛛人跟死侍的確長得很像。

星光大道上有很多街頭藝人，拍照會收小費，至於小費多少可以先問好價錢後再拍，在眾多街頭藝人中，我最有印象的，是一位長得超級像休．傑克曼的藝人，他在星光大道扮演金鋼狼已經好幾年了，上次我來星光大道也有看到他，我個人是覺得還蠻值得拍照的，因為真的跟休．傑克曼本人長很像，我都懷疑他們是雙胞胎了。

「要不要先吃飯？」伴隨著肚子叫的聲音，爸爸看向我們。

「好呀！你想吃什麼？」弟弟立刻將包包中的錢包拿出來。

「我們去吃 HOOTERS 如何？爸爸以前很愛吃。」

來到了 HOOTERS，首先會被它的貓頭鷹 Logo 吸引，整間店以橘、白色色調做設計，很有美式運動風，吧檯區掛著衝浪板，桌子則有許多彩色的貓頭鷹，是美國很常見的美式餐廳，有許多的分店。

最大特色就是這裡的服務生都是女孩，而且穿得超辣，白色無袖上衣配橘色短裙，每一個都長得很漂亮，弟弟一進去就對爸爸比個讚。

不知道爸爸剛說的那句以前很愛吃，有沒有什麼別的含意，究竟是真的愛吃這裡的食物，還是愛看這些年輕美眉，我在心中打了一個大大問號。

簡單點了服務生建議的漢堡、雞翅、沙拉，我們三人便吃了起來，也許是因為今天中午大家都沒吃午飯，所以這頓晚餐光速被吃完。

這裡的雞翅，肉質軟嫩、多汁又入味，比FRIDAYS的雞翅好吃。

吃完晚餐後我們順著街道逛逛，在這裡要特別提醒大家，千萬不要去一家叫THE HOLLYWOOD LAND EXPERIENCE的店買紀念品，很多商品都沒有註明價格，尤其看你是觀光客會覺得你很好騙，會抬高價錢。像我就在這裡買了兩個磁鐵付了二十九美金，都可以回去再買一份大份漢堡加飲料了。誠心建議到任何商店都要先確認價錢後，再去結帳。

來到星光大道後，爸爸總是替我們拍照，每到一個地方就叫我們停下來看他，雖然拍照技術欠佳，但我們在他喊我們時，都會快速的給他回應，所以可以感覺出爸爸是非常快樂的，在他眼裡我們都還是他長不大的孩子。

這些景點他都來過了，但他卻表現得好像是第一次來；我用相機記錄著我看到的畫面，而爸爸卻是用手機記錄著我和弟弟。

當我在用文字，寫下這一篇又一篇的故事時；他也用相機，按下一次又一次的快門做記錄。

許多時候我們常不留意身邊的人、事、物，甚至認為這些都是理所當然、本該存在的。在流失的每分每秒，每個瞬間、片刻都渾然不覺，是一件非常可怕的事情，因此學會珍惜身邊所有的一切，是成長中最重要的一環。

我和弟弟在這趟旅程中的每一天，哪怕荷包失血比我們想像中的快，都很珍惜跟爸爸在美國度過的這些美好日子。

畢竟天底下有誰能和我們一樣幸運，有一個這麼可愛的爸爸呢？

「父母就算年紀大了，也願意和孩子在樂園裡奔跑，其實父母根本不在意設施要排多久，只在意孩子臉上的笑容。」

瘋狂的哈利波特迷

為了前往好萊塢環球影城（Universal Studios Hollywood），我們一大早就起來了。

下載了環球影城 APP 鎖定好要去玩哪些設施，我和弟弟一早就很興奮，爸爸則是倒吸一口氣，做好要跟我們跑來跑去的覺悟。

上次來好萊塢環球影城時，我被它們精緻的紀念品給燒到，光是哈利波特魔杖就買了兩枝，不得不說紀念品真的做得超好，像是多比、分類帽、嘿美、匈牙利角尾龍的小雕像，還有各學院的帽子、圍巾、衣服，都讓我那時花了不少錢。

環球影城比起加州迪士尼樂園的周邊還好買，殺傷力高達百分之百，奉勸所有大人帶小朋友進去之前，先規定好紀念品只能買幾個，不然荷包會大失血。

在入園的前一刻，爸爸拉了拉腳、扭了扭手，做足等下要奔跑的準備，雙胞胎則是研究好奔跑路線。

「等下兵分二路，兩個先去排隊、一個先把大家的包包放進置物櫃裡。」弟弟很有自信的說：「我們要當禁忌之旅的第一組遊客。」

哈利波特禁忌之旅（Harry Potter and the Forbidden Journey），這項設施在日本、奧蘭多都有，是一項玩十幾次也不會膩的設施，光是上次來好萊塢環球影城我就足足玩了七次，每次都是走單人通道，以最快的速度乘坐。這次跟弟弟和爸爸來，就是為了讓他們體驗這項設施的快感、刺激。

環球影城的設施跟迪士尼最大不同的地方，就是以電影場景、特效為主，大部分的設施都是戴 3D 眼鏡，包含哈利波特禁忌之旅、變形金剛、辛普森、小小兵、影城之旅等人氣設施，所以出門前我特別提醒弟弟要戴隱形眼鏡。

無論是環球影城還是迪士尼，在開園前一刻，你總會深深感受到周邊所有人，通通都屏氣凝神、眼神專注，好像大家生來為的就是這一刻……等待雙腳跨進樂園的那個 moment。

1 霍格華茲城堡
2 活米村午餐
3 環球影城地標

進到樂園後，就是爾虞我詐的戰爭，要前往哈利波特的魔法世界，必須經過三階段的考驗。

第一階段：忍痛避開所有紀念品商店，這對我來說簡直輕而易舉，因為早買等於早拿，一整天都要拿著紀念品實在是太累了，在我經過紀念品店時，看到很多媽媽帶著小朋友進去買頭飾、簽名本。

此時，我飛快、頭也不回的，快速拉著爸爸往前跑。

第二階段：跨越邪惡障礙物，所謂的邪惡障礙物就是樂園的角色、布偶，通常特殊角色都會在入園後的兩小時才出來，先出來的都是各個設施的人氣角色，像是馬上被大家圍起來的史瑞克、鞋貓劍客。

弟弟遲疑的看向我、爸爸用力的抓緊我，我回以他們堅定的眼神，接著我們快速通過。

第三階段：經過還原度超高的活米村，活米村有超多地方可以拍照，包含三根掃帚、蜂蜜公爵糖果店，定力要很足才可以通過，尤其設施位於活米村的尾端，在霍格華茲城堡裡。

在這個時候，爸爸早已氣喘吁吁，用力的揮手示意我們先往前，抱持著團隊精神，我們停下腳步，拉著爸爸一起前進。

「都超過半百還跑這麼久，我容易嗎？我超不容易……我要累死了。」爸爸委屈巴巴的看著我們。

「不容易、好不容易，我們把包包先給慕盈，讓她幫我們放東西，我們再慢慢走去排隊。」弟弟安慰爸爸。

我滿臉問號，雖困惑為什麼不是弟弟去放包包，但我還是認命的幫所有人拿東西，並跑去置物櫃放東西。

置物櫃由指紋感應，不需要任何費用，無論是開鎖還是關鎖，使用時皆可不用擔心，因為可以自由選擇語言，所以不用擔心任何操作上的問題，我快速將東西放入置物櫃，並準備衝往單人通道，但這時弟弟突然出現抓住我的手，並對我沉重的搖了搖頭。

「老爸說不要單人通道，他不想分開坐。」弟弟說。

「那跟他說，單人通道我們坐完時間不會隔很久，而且有可能兩個人在同一趟？」

「我說過了，他說不是時間的問題，是他想坐我們旁邊的問題。」弟弟一邊解釋，一邊帶我去排隊隊伍裡找爸爸。

「老爸，你要不要先跟我們去單人通道坐幾次看看，不喜歡再來排團體？」因為原本說好大家一起排單人通道，結果爸爸臨時改變主意，讓我有點納悶。

「為什麼要走單人？」爸爸其實也知道我要說什麼，但還是反問我。

「單人比較快啊！而且很少人一個人來遊樂園玩，所以環球影城有開放所有人去排單人通道，只要你不介意分開就可以幫別人補位，像是四人設施卻只有三人乘坐時。」我有點不耐煩的解釋：「而且坐設施根本不會跟旁邊的人有互動，你的眼睛只會看著動畫，不會看我們。」

「但我就想跟你們一起坐不行嗎？」爸爸說。

「……好，我知道了！」

既然爸爸想跟我們坐，那就這麼辦吧！

當爸爸這麼說的時候，我感到非常抱歉——是呀！爸爸本來就不在意設施排多久。

父母最在意的只是孩子臉上的笑容，所以在小時候他們總是會帶我們去遊樂園玩，哪怕他們早就去膩了，也還是會花錢帶我們再去一次，除了想看見我們開心的模樣，也想用這樣的方式，將美好的世界呈現給我們，希望我們不要對這個世界失望。

其實慢慢排隊也有一個好處，就是能好好享受霍格華茲城堡，做好進入魔法世界的準備。

電影中霍格華茲城堡裡，有許多畫像掛滿在樓梯間，包含掌管葛來分多交誼廳的胖女士，畫像中的胖女士不僅會穿梭各幅畫，還能與人對談如流。

在排禁忌之旅這項設施時，便會看到許多畫像掛滿在樓梯間的景象，雖然並不是每幅都會動，但還是營造出不少氣氛，讓排隊的人能忘記自己是在排隊，而是進入了魔法世界。

排隊途中還會經過鄧不利多辦公室、黑魔法防禦術的教室，還有城堡後方的藥草學溫室。

在排隊過程中，我劈哩啪啦狂講電影中的劇情，意外的是爸爸非常配合我，包含我唸咒語時。

「整整石化！」我對爸爸吼出咒語後，爸爸就會假裝自己動不了，直到排在後頭的人尷尬看我，他才默默往前。

「溫咖癲啦唯啊薩！」聽到這個飄浮咒語爸爸會踮起腳尖，假裝自己飄起來。

「去去武器走！」爸爸左看右看，發現沒東西可以丟，只好對我聳聳肩。

在整趟排隊過程裡，弟弟始終沒有回頭，很明顯他不僅不想加入，還覺得很丟臉。

「慕藩！」我拍拍他的肩膀。

「幹嘛？不要碰我，我不想飄起來也不想站著不動。」

「復復修！」完全不顧人眼光，我拿著一支筆假裝是魔杖指著他。

「是要修什麼啦！」

「你的腦袋。」我將筆指向他的頭。

「妳可以再有水準一點……」

很快就輪到我們玩設施了，工作人員請我們一人拿一副3D眼鏡後，就請我們坐上座位，這個設施一次可以坐四個人，坐哪個位置都不會影響到看動畫的視野，已經玩很多次的我，在看到妙麗出現時就默數三秒。

「溫咖癲啦唯啊薩！」緊接著，我們腳懸空，整個人連同坐椅一起飛起來。途中會跟著哈利、榮恩環繞城堡，和哈利一起參加魁地奇比賽，還會遇到催狂魔跟巨型蜘蛛，最後則會贏得勝利，結束時會看到電影中所有重要角色，對著你鼓掌、拍手。

玩完設施後，就會來到邪惡的哈利波特專賣店，這家商店賣的東西超級齊全，不僅有各個學院的周邊，還包含劇中角色公仔，櫥窗更有高質感項鍊、聖杯、小金匣、雕像，甚至還有西洋棋、怪獸書。

沉浸在魔法世界裡，爸爸一邊哼著《哈利波特》主題曲的配樂，一邊等我們將置物櫃裡的包包拿出來。

接著我們陸續玩了好幾項設施，包含只有好萊塢環球影城才有的影城之旅（Studio Tour），以及辛普森虛擬過山車（The Simpsons Ride）、神偷奶爸 3D 飛車（Despicable Me Minion Mayhem）。

其中，在結束影城之旅時，有了意外小插曲。

「不會吧！」來自爸爸的驚呼，他快速的拍了拍我們：「是回到未來裡的怪爺爺！」

爸爸不說我們還不知道，眼前的老爺爺居然不是遊客，而是環球影城中等級高達三星，要超幸運才會遇到的怪博士。

《回到未來三部曲》是八〇年代最重要的科幻電影之一，影響之後許多科幻作品，是爸爸非常喜歡看的電影。

「他模仿得超像！」爸爸難掩興奮，就算我們不認識他，還是推著我們去拍照。

爸爸、弟弟與怪博士的合照

「像的程度跟我們在星光大道遇到的金鋼狼比，哪一個比較高？」弟弟問。

「這個！因為他個性模仿得比較像。」

正當我們要問哪裡看出個性時，爸爸接著說：「他不會跟你要五塊美金。」

「?!」弟弟震驚。

「而且他怪裡怪氣的還會突然瞪大雙眼，跟我印象中的一模一樣！」

好的，我們明白了。

就跟我們一樣，爸爸同樣擁有童年，他也曾是個對遊樂園著迷的男孩子，很多時候並不是他們嚴肅，他們只是忘記了曾經擁有的童真，這時候就需要孩子們喚起父母的記憶，就像我們擁有的都是他們給我們的一樣，我們能給予父母的就是讓他們想起——曾經，他們和我們一樣快樂。

「妳看！妳最喜歡的黃色愛吃香蕉的東西，剛剛我們還經過綠色怪獸，等下可以跟他們拍照，如果他們還在的話。」在我們遇到怪博士後，緊接著遇到了小小兵。

「爸爸……黃色愛吃香蕉的東西叫小小兵，綠色怪物叫史瑞克！」我無奈。

「那剛剛我們看到的冰塊呢？」

「那是最新出的電影《壞壞萌雪怪》裡面的雪怪。」這個爸爸不認識很正常，因為就連我也都還沒看過那部電影。

「那麼我們在哈利波特那邊看到，站在火車前面的列車長叫什麼？」

「就叫列車長。」我回答。

「！」爸爸震驚。

在前往活米村吃午餐的路上，爸爸突然很想上廁所，我們沿路找廁所，在夢工廠劇場旁，終於找到上廁所的地方。

「妳們先去跟綠色鼻涕怪、貓咪拍照，我去去就回。」爸爸留下這麼一句話，就快速奔走。

「怎麼覺得來這裡，他的體力比我們好，一直跑來跑去的？」我困惑。

「老爸剛講的鼻涕怪是什麼？」弟弟困惑。

「綠色鼻涕怪是史瑞克吧？他前面講綠色怪物。」我回答。

從頭到尾只有爸爸看到史瑞克，我們都沒看到在哪，直到有人從我們旁邊奔跑到排隊隊伍裡，我們才看到史瑞克、鞋貓劍客。

在排隊的途中，費歐娜突然加入，於是我們一次跟三個角色拍照，正所謂一箭雙鵰。

不，是一箭三鵰。

等了很久始終等不到爸爸，懷疑爸爸掉進馬桶裡的弟弟，按捺不住決定要去找他。正當弟弟離開時，我看到雪怪蹦蹦跳跳的從遠處走過來，想著今天沒特別去找角色拍照，我以光速的速度排到隊伍之中。

直到排到我時，雪怪給我大大的擁抱，現場工作人員拿起手機幫我拍兩張，正要將手機還我時，爸爸和弟弟以光速的速度進入。

工作人員看著我，我看著工作人員。

我看著爸爸，爸爸看著弟弟。

弟弟看著雪怪，雪怪看著工作人員。

在爸爸不好意思的跟工作人員解釋，我們其實是一家人，能不能再幫我們拍幾張後，工作人員立刻親切的點頭，剛好我們後面也沒有排其他人。

「跟冰塊拍完照後，終於要吃飯啦！」是雪怪，已經懶得糾正爸爸的我，在知道要吃午餐後，肚子也餓了起來。

我們回到活米村，再次進入哈利波特的魔法世界，進到我和弟弟在奧蘭多、日本想吃看看，卻始終吃不起的三根掃帚（Three Broomsticks）。

進到三根掃帚，會有股說不出的感動，因為這裡百分百還原電影裡的場景，包含羅梅塔夫人在二樓的房間、超多的壁爐，還有掛在牆上的掃帚，以及藏在角落的壁爐、地上的大釜、飲料機旁的蝙蝠。

在電影裡，三根掃帚是活米村內著名的旅館和酒吧，最有名的就是電影中出現很多次的奶油啤酒，同時也是霍格華茲的學生和教職員最喜歡的地方。

第一次出現是在《哈利波特》第三集，哈利就是在這誤會天狼星背叛他父母，並奔出酒吧的，為了配合電影裡的橋段，三根掃帚還在公布欄上掛著天狼星的通緝懸賞單。

身為哈利波特迷，終於能踏入這家餐廳，讓我在排隊點餐前一路傻笑，我的好心情也影響到了爸爸、弟弟，他們和我一樣興奮，站在櫥櫃前拚命討論要點哪些餐點。

餐點以烤雞、豬肋排、肋眼牛排為主，飲料除了著名的奶油啤酒，還有檸檬荼、南瓜汁，甜點則有巧克力慕斯、南瓜派；最後我們選擇了烤雞跟肋眼牛排，還有巧克力慕斯、奶油啤酒。

吃完飯後，我們開始正式逛活米村，活米村的商店非常多，完美還原電影場景。在這裡你可以進到奧利凡德魔杖店，從正門進入會看到一場小表演，裡面的巫師會找一位幸運觀眾一起參與，總共會拿三次不同的魔杖，前幾次揮的時候會把花瓶中的花變得枯萎、抽屜噴出來弄得十分混亂，直到最後一次揮魔杖時才會發光；整場表演超流暢，會聽到所有人不停的讚嘆、驚呼。

被選中的幸運觀眾，雖然不會得到免費魔杖，但可以用比較便宜的價錢購買，表演結束後，所有人就會從正門通到全是魔杖的商店內，裡面有電影中所有角色的魔杖，完全一比一大小且細緻，弟弟就在這買了一支鄧不利多的魔杖，我則是在上次來的時候，就購買了哈利、妙麗的魔杖。

若是不想買角色魔杖，也可以買互動式魔杖，拿著魔杖走在路上，可以對櫥窗內的所有東西喊咒語、變魔法，同時可以跟路上的魔法大釜、雕像做互動。

離開奧利凡德魔杖店，我們前往寫字人羽毛筆店，這家店和風雅氏高級巫師服飾商店是互通的，身為哈迷，你可以在這裡找到所有你要的，像是學院內寫字用的羽毛筆、墨水，上課用的筆記本、信封，學院內的各個季節巫師袍、制服，就連魁地奇比賽的金探子、掃帚，這裡也買得到。

店裡的裝飾都跟電影中一模一樣，散落在櫃上的牛皮紙堆、超多貓頭鷹的籠子、舊型行李箱，甚至還有飛天掃帚光輪兩千、分類帽、劫盜地圖。

每當在逛的時候就覺得，如果這世上真有霍格華茲、魔法世界那有多好，這樣我的學生時代肯定過得很快樂。我不用學英文、物理、化學、數學、歷史這些科目，取而代之的是黑魔法防禦術、變形學、魔藥學、符咒學、魔法史；也不會有成績分班、選校的問題，只要收到霍格華茲的入學邀請，就可以入學，並由分類帽依照我的個性、特質分配到葛來分多、赫夫帕夫、雷文克勞、史萊哲林其中一所學院裡。

如果問我進入魔法世界後，會擔任電影中的哪個角色，我很肯定絕不是聰明的妙麗，而是勇敢卻始終什麼都不擅長的女版奈威。

「可惜如果買光輪兩千，會不知道怎麼托運。」我看著光輪兩千，不管去了幾次哈利波特園區，我總是會一直看著這支飛天掃帚，渴望著有天當我醒來時，它跨越了太平洋飛來找我。

「女兒啊！妳買它不只會有不知道怎麼托運的問題，妳還會遇到妳媽把它當真的掃把的問題。」

「她又不掃地，只有我會掃……」弟弟反駁。

「……」可憐的弟弟，是我們家的幫佣，所有家事幾乎都是他在做。

「只有我會故意拿來掃地的問題！」弟弟緊接著說。

「?!」看來我只好下定決心省下這筆錢，直到我結婚嫁出去為止。

來到蜂蜜公爵糖果店，會看到巧克力蛙、一大桶柏蒂全口味豆子，這絕對是買給親朋好友的最佳伴手禮，尤其是巧克力蛙，打開來不止有巨大的青蛙巧克力，裡面還有巫師卡。除了糖果餅乾，角落也有賣很多惡作劇的小道具，這讓我不禁想到衛斯理家的兩個雙胞胎。

將蜂蜜公爵糖果店、德維與班吉禮品店逛完後，我們到處拍照，並在霍格華茲城堡前合影，緊接著我們就前往下園區，陸續玩完變形金剛 3D 飛車、神鬼傳奇雲霄飛車以及侏羅紀世界遊艇。

Jurassic World：The Ride，也就是由侏羅紀公園改版成侏羅紀世界的最新設施，這設施就連我都沒有玩過，抱持著期待的心情，我和爸爸、弟弟一起進去；

在排隊過程裡，我們根本沒看到任何人穿雨衣，直到要上遊艇前才一堆人突然從口袋、連帽衣的帽子中拿出雨衣。

「到底為什麼口袋塞得下雨衣？」爸爸驚訝。

「一瞬間大家都有雨衣，就我們沒有……」弟弟害怕的看著上一批從船上下來的人：「上一批的人也都穿雨衣。」

「說不定其實沒有很濕……」看著其中一位穿雨衣，但很明顯過程中帽子被吹飛，所以導致雨帽積了一堆水的女孩，我勉強對一旁的弟弟、爸爸笑了笑。

才剛坐上船就聽到爸爸哀嚎：「座位都是濕的……」

「你放心，等下一定會全濕，不會只有屁股濕。」弟弟回答。

之前侏羅紀公園就已經有主題設施，但為了配合新版的侏羅紀世界，所以特別改版，更請來男主角克里斯・普瑞特前來配音、錄製設施內的片段。

原本的侏羅紀公園是坐著黃色小艇在戶外野生區探險，在遇上暴龍後從黑暗處衝出，但為了配合電影的新內容，所以全部大改版。跟侏羅紀世界一樣，設施一開始呈現給大家入園觀賞恐龍、海洋生物的刺激體驗，後來突然有巨大恐龍脫離籠子直接衝出，引起大量的水花及緊張氛圍，警報器也大聲的響了起來，接著乘坐的遊艇高速墜落並回到出發地。

就如同我們所猜測的，我們成了落湯雞，全身濕而且頭髮還不斷滴水，在出來後，爸爸也從侏羅紀世界專賣店裡，挑到了他想要的恐龍衣服。

在爸爸尋獲戰利品後，我們回到上園區看表演，除了水世界（Water World）、特效舞台（Special Effects Stage）外，我們也玩了最後一個設施，那就是由史瑞克 4D 劇院改建的夢工廠劇院。

玩了一整天，爸爸除了買侏羅紀世界的衣服，還買了一頂遮陽用的帽子；弟弟則是在活米村買了鄧不利多的魔杖；我則是在出口處紀念品店買了一個磁鐵，正當爸爸意外我居然沒買哈利波特商品時，我則是尷尬的說，其實在上一次就把想要買的金探子、分類帽、多比模型，一次買齊了。

回到車上後，原本要由爸爸開車，但弟弟直接帥氣坐上駕駛座的位置，透過後照鏡與我確認眼神後，就直接往前開。

一路上我都在導航、報路，爸爸則是不知所措，根本不知道我們要去哪裡，最後在經過住宿的地方後，才忍不住開口問我們：「到底要去哪裡？」

「我們有驚喜要給你。」我和弟弟發揮雙胞胎默契，難掩興奮的回答。

「我們總是會準備驚喜，很多的驚喜都是為了討另一半開心，卻忘了其實父母也需要驚喜。」

六十六號公路的起點與終點

我們的目標是聖塔莫尼卡（Santa Monica）的碼頭，這裡除了有遊樂園、嘉年華會；還有一座延伸到海裡的碼頭及海鮮餐廳。每當晚上，太平洋遊樂園（Pacific Park）內的摩天輪、雲霄飛車都會發光，與海景融合在一起十分美麗，是一個非常適合賞夜景、吃海鮮的地方。

離碼頭不遠處還有一座大型購物中心，許多遊客都會特地前往那裡購物；但其實我們來這裡，既不是要到碼頭賞海景，也不是要去購物、玩遊樂園及參加嘉年華會，而是要帶爸爸完成他的其中一個夢想。

牽著家人的手，慢慢散步走往美國六十六號公路的終點。

一下車後，雙胞胎一左一右牽著爸爸的手，什麼

66 號公路路標

話都不說的就往碼頭方向走去，爸爸立刻發現被我們帶來聖塔莫尼卡碼頭，感動很久、穩住情緒後就開心的說：「我一直很想帶你們來這裡……沒想到卻是你們帶我來。」

「驚喜吧？有感動到嗎？」很少做出溫馨舉動，更別說主動牽爸爸手的弟弟，有點害羞的問爸爸。

「無法用言語形容的感動。」爸爸傻笑到眼睛都瞇成一線了，能夠感受到他的真心，此時此刻他希望時間靜止、永遠暫停在這一刻。

「昨天原本就要帶你來的，但是因為去了趟迪士尼公司，所以決定今天去完環球影城，不逛 City Walk 直接來這裡。」我開心的說。

來到我和弟弟故意沒寫在行程表裡的聖塔莫尼卡碼頭，爸爸很努力的強裝鎮定：「很久之前我來這裡，就曾經幻想過未來小孩會是什麼樣子，我想過可能很聰明、很可愛，就是沒想過可能會很孝順……」聽到爸爸這麼說，我和弟弟對望，深深覺得我們這輩子，做得最對的事情，就是帶我們的老爸來到這裡，一個他從以前就很想帶我們來的地方，有著母親之路稱號，帶給無數人夢想、希望的美國六十六號公路終點。

一路上，可以感覺從不在我們面前落淚的爸爸，努力克制自己的情緒，深怕眼淚不爭氣掉下來，一下牽著我們的手；一下捏著我們的手。

抵達美國六十六號公路終點的路牌後，也遲遲沒有向前拍照，就算站在路牌前也只是看著、想著、不時笑著。

「我真的好幸福。」他說，然後我們看到了，爸爸眼角旁感動的淚水。

爸爸從很久以前就有一個夢想，就是帶未來的家人踏上美國公路旅行，其中還有一個目標，就是牽著家人的手抵達美國六十六號公路終點、起點拍照。

因為爸爸在美國西北大學讀博士，所以對於美國的生活十分嚮往。在年紀輕輕時，就定下了想要和老婆一起環遊世界的目標，其中的終極夢想，就是和美國老電影情節一樣，開著老舊車子，和未來老婆、孩子踏上美國公路自駕旅行。

爸爸想去美國公路旅行是全家都知道的事情，在我們很小的時候，就很常看到爸爸去書局，買各種美國公路旅行的遊記、旅遊書。

我和姊姊、弟弟小時候睡不著時，就會爬上床叫爸爸、媽媽跟我們講故事，此時爸爸總會編出各種故事給我們聽，像是舊金山漁人碼頭住著一個有著千顆牙齒的怪物、公路上有一隻受了傷的小松鼠，我們救了牠以後，居然送了機票讓我們環遊全世界的故事。

每當爸爸說起故事時，媽媽總會想著有天要全家人一起來到美國，幫爸爸完成這個夢想。不過總是事與願違，爸爸跟媽媽兩人總是湊不到時間，好不容易兩人都有空時，最多都只是不到一個禮拜的假期，出國也只能到距離較近的日本，大約十年才一次而已。

所以這次我和弟弟身負重任，為了實現爸爸這個夢想，不僅各帶了人生一半積蓄，還帶上媽媽、姊姊的贊助旅費及滿滿的愛，將爸爸從台灣騙到相隔一萬零八百九十九公里海域的洛杉磯。

這趟旅程不僅是為了提早慶祝爸爸六十歲生日，更是完成爸爸三十年以來的夢想。

而完成爸爸的夢想，是我們子女該做的事情。爸爸一直以來的夢想就是帶我們踏上這趟旅行，但他萬萬沒想到的是——並不是他帶我們踏上了這趟旅行，而是我們帶著他踏上了這趟圓夢旅行！

「不好意思，再幫我們拍一張！」爸爸用英文對著幫我們拍照的情侶說，大概拍了十幾張後，才滿意的點了點頭。

「現在這是歷史性的一刻。」爸爸很感動的說：「一感動完我就想上廁所，兒子你有看到廁所在哪裡嗎？」

「好像在那邊，我帶你過去好了。」弟弟抓著爸爸往廁所走去，我則是無聊的到處走走。

嘉年華是我一直夢想的地方，在電影裡總是燈光閃爍，可以看到很多小攤位、臨時建起的設施、大型娃娃獎品。

將遊樂場、嘉年華做融合的太平洋遊樂園，跟嘉年華一樣入場不收門票，同時也有很多遊戲攤位，唯一不同的就只有設施並不是臨時搭建、而是會長久性經營。

記得有一部電影叫《槓上富家女》，飾演小女孩的達科塔．芬妮當時就是跑到嘉年華裡瘋狂玩咖啡杯，拋開壓力。當時在看這部電影時，我的注意力完全集中在嘉年華會上，心想這世上怎麼可能有遊樂園可以不斷進去、出來，不僅沒有圍欄還不收入場費的，直到後來陸續看了好幾部電影，裡面都有嘉年華會後，我才終於發現原來真的有這種嘉年華會裡的遊樂園存在。

走進總是閃閃發光的嘉年華會裡，我很好奇裡面是否跟電影裡演的一樣，非常好奇會有哪些小遊戲、設施；進入後我看到電影裡推啤酒杯的吧台、需要用槍瞄準射擊的卡通圖案紙板、丟球丟到紅色洞口就可拿獎品的機器。

這嘉年華形式的遊樂園，設施超過我所預估的，總共高達十二種；雖然我才剛去完環球影城，但真的也很想玩玩看這裡的設施。

然後我越走越開心、越走越裡面，完全忘記爸爸、弟弟只是去上廁所。

當我意識到的時候，徹底大迷路，回過神時才發現那些閃閃發光的攤販遊戲，除了遊戲不同，搭起的帳棚都長一樣，就算是臨時建的鐵皮屋，上的油漆也都長得很像。

沒想到已經二十三歲，自稱方向感超好的我，居然在這裡迷路了——在這個一旦不見，也不知道怎麼打電話報警，跟警察說明怎麼走失、家裡住哪的地方。

於是聰明的我，決定尋找碼頭方向，相信只要找到碼頭就可以找到廁所，我踮了踮腳尖，無奈身高太矮、攤位太高，完全看不到碼頭在哪裡。

於是我想到新的辦法，那就是找到摩天輪，並從摩天輪那裡尋找碼頭，最後同樣也失敗，因為前往摩天輪時，需要先付摩天輪的費用才可以走進那一區。

於是我決定靠著直覺亂走，反正這裡並沒有用圍欄圍起來，我只要離開這區，我就會知道廁所在哪裡。

於是我……我看到了熟人！

「你們怎麼會在這裡？」我看到爸爸專注的半蹲，屏住呼吸的看向前方。前方……是一個貨真價實的塑膠啤酒杯，再前方是一個紅色圈圈……

「妳先不要講話，妳講話他會分心。」弟弟打斷我，直接叫我住嘴。

「……」所以剛剛他們根本沒有在找我，從頭到尾都是我在幻想，幻想他們在人群中吶喊我的名字，卻始終找不到我，非常擔心的模樣嗎？

還是其實我誤會了，我根本沒有迷路、失蹤、跟他們走散？

「好！」像定格一樣專心看啤酒杯很久的爸爸，終於握起了啤酒杯，先是練習手感的往前往後，接著將啤酒杯推出去。

然後……然後那個啤酒杯……很不幸的連靠近紅色圈圈都沒有，原本我以為可能是力氣過大所以經過紅色圈圈，但它不僅沒有經過，而且還距離遙遠。

啤酒杯居然不是直線前進，而是像被閃電擊中一般，連滑到中間都沒有，像嘲笑我們一般，在剛離手不到三十公分的地方，就滑離吧台桌。

「這根本就是騙錢的遊戲。」離開遊戲攤位沒多久，在我和弟弟你看我、我看你，不知道誰該先開口起個頭時，爸爸憤怒的說。

「啊！還沒吃晚餐呢！」弟弟立刻轉移話題，成功轉移爸爸的注意力。

「這裡有兩家很有名的海鮮餐廳，有一家蝦子超級有名……」爸爸講到這突然想起弟弟對蝦子過敏。

「沒關係，哪一家？我們去吃。」弟弟感覺得出來，爸爸很想去吃那家店，於是跟爸爸說：「就決定去那家吧！再不吃飯怕過了最後點餐時間。」

弟弟很為爸爸著想，他希望這趟旅程是屬於爸爸的，所以無論吃什麼他都不在意，因為只要看到爸爸開心，他就飽了。

弟弟的蝦子惡夢

阿甘蝦餐廳（Bubba Gump Shrimp Co.），這家店於一九九六年創立，至今在美國擁有高達快三十家分店。聽爸爸說在我和弟弟大概三、四歲時，有段時間他們非常頻繁來美國，那時媽媽牽著姊姊，爸爸推著可以同時安放雙胞胎的超大推車，因為推車太大怕妨礙其他客人，所以總是請服務生幫我們安排最角落、寬闊的位置。

這裡的招牌海鮮就是各種口味的蝦子，身為蝦控的爸爸非常愛這家餐廳，媽媽也很喜歡這家美式海鮮餐廳，可以說這裡有爸爸、媽媽、姊姊共同的滿滿回憶，至於雙胞胎，非常不幸的當時年紀真的太小，已經忘光光了。

在剛拍美國六十六號公路路牌，經過這家餐廳時，爸爸就已經指著這家店和我們介紹了，其實從那時候就感覺，爸爸已經鎖定好晚餐要吃這家餐廳。

爸爸說阿甘蝦餐廳是他離開美國後，最想念的餐廳之一，尤其是在台灣吃到蝦料理時，總會想起媽媽每次在阿甘蝦就會突然患上選擇障礙，平常點餐很快，可是每當來到這裡，就會這也想點、那也想點。不過這也難怪，因為光是蝦子的口味就高達八種左右，又有不同的吃法，算起來一整家餐廳大概有一半以上的料理都跟蝦有關。

美國有很多家餐廳，都會販售自己餐廳的周邊商品，這算是一種美式文化，在美國只要是開很多分店的餐廳，幾乎都會在餐廳設一區專賣店，將店家 Logo 印刷在包包、衣服、帽子上。反觀若是在台灣，店家設自己的專賣店，可能周邊都賣不出去，因為大家會覺得很奇怪，認為沒必要讓別人知道自己去吃過哪些餐廳，甚至覺得穿出去會尷尬、不時尚。而阿甘蝦餐廳非常酷，不只將商品完整陳列出來、分顏色，居然還販售只有聖塔莫尼卡才有的限定衣服、包包。

阿甘蝦餐廳的 Logo 就是一隻笑開懷的蝦子，店家將蝦子 Logo 印在很多周邊上，專賣店裡有不少人正在選購，這讓我覺得挺震驚的，更意外的是爸爸好像對這些周邊非常有興趣，甚至決定等下吃完飯，要好好來逛逛。

我很喜歡美國的餐廳，在布置的時候會用很多舊海報、照片做裝飾，阿甘蝦餐廳是由一九九四年經典電影《阿甘正傳》所發想的電影主題餐廳，所以在店內也會看到電影中的片段照片、海報、道具，包含每桌分別裝著紙巾、醬料的超大水桶，以及有紅、藍兩面的「阿甘快跑（Run Forrest Run）」牌子。

牌子可以自由翻面，藍色的「Run」就是「Everything is Good」，不需要服務的意思；紅色的「Stop」則是「Need Help」，請店員停下來服務的意思，十分方便好用，同時也是電影中出現的經典道具，很多影迷都會拿著牌子拍照。

打開菜單時，爸爸詢問我們要吃什麼，弟弟看了看菜單：「天啊！都是蝦子，我該怎麼辦？幫我點一個沒有蝦子的餐點吧！」

基於弟弟的吶喊，我和爸爸仔細地尋找沒有蝦子的餐點，除了前菜炸物、義大利麵、甜點外，幾乎每樣餐點都有蝦子。

弟弟最愛吃的豬肋排、魚排都有蝦子在上面，好在弟弟只要不吃到蝦肉就好，所以經過大家的討論，爸爸就點了一整桶的檸檬蝦、碳烤豬肋排配蒜蝦串薯條餐、檸檬雙魚馬鈴薯佐龍蝦醬，還有一道甜點拼盤。

最特別的是我們還點了檸檬、西瓜果昔，杯子還會閃閃發光，一上桌我們就先嚇翻，以為錯點成調酒。

在點完餐點後，我跟弟弟忍不住在餐廳裡晃來晃去、參觀欣賞，因為這裡的柱子很特別，全都用車牌做裝飾，牆上也都是各種標語、路牌，吧檯處更是閃閃發光，電視上還播著棒球比賽，四處掛著周邊商品以及電影的海報、照片。

等我們回到位置時，第一道檸檬蝦也上來了，檸檬蝦放在桶子裡，店員一看到我們入座，就立刻將蝦子倒出來，蝦尾並沒有直接去掉，據說是為了要讓來這吃蝦的客人，能夠放慢速度慢慢吃蝦，蝦子的其餘部分皆已剝乾淨，只要再擠上檸檬就可以吃了。

一直以來我都覺得美國做的蝦料理超好吃，包含我在夏威夷吃過的蝦餐車也一樣，它們的蝦子總是炒得超香，就算不沾任何調味料也很好吃。

弟弟一聞到蝦子的香味就受不了，但還是努力忍住。

弟弟其實不僅對蝦子過敏，包含所有帶殼類海鮮，小時候弟弟超愛吃蝦子，但後來發現每次吃蝦、螃蟹、龍蝦後舌頭就會很癢，嚴重更會長疹子後，在媽媽陪同下去醫院做檢查，最後被醫生告知會對帶殼類海鮮過敏，從此不可以再吃，為此他還難過了好一陣子。

在對蝦子過敏的人裡，弟弟算是沒有很嚴重的，有些人只要吃到跟蝦子一起炒的食物就會發作，弟弟強大到可以吃蝦子、龍蝦淋醬，只要不要直接吃到肉都沒問題，但只要有點蝦粒就會發作，例如月亮蝦餅。

為了之後吃其他餐點，不會處在舌頭很癢的狀態，弟弟好不容易忍住沒有偷吃，但我從他眼神裡看到了絕望。

在我們還忙著拍照時，肋排、魚排也陸續上齊了，包含兩杯一直閃閃發光的杯子。

「我真的從以前就很想買一個杯子回去。」爸爸不時將杯子拿起來研究，並深感遺憾的說：「可惜如果沒電了我不知道怎麼再讓它亮起來，買回去你媽媽也會嫌佔空間。」這個杯子不僅會一直閃閃發光，還有紅、藍兩種顏色，真的非常像以前髮廳的那種霓虹燈。

「你想要我們就買給你，認真的！」弟弟大器的跟爸爸說，哪怕我們這一餐算下來損失慘重。

「算了，省點錢好了。」爸爸一副很體諒的說：「這樣我等下才可以挑紀念品。」

會發光的杯子

弟弟的蝦子惡夢

果然他剛剛在經過專賣店的時候，已經看上了什麼想買的東西。

在我和爸爸的同意下，弟弟一次拿走了一塊魚排、半份豬肋排，我和爸爸則是狂吃蝦子，這裡不僅蝦子好吃，就連魚排也料理得很完美，吸附了湯汁，就算沒看到任何奶油，我也覺得這塊魚排在一開始煮的時候就是用奶油去煮的，奶香味十足。

豬肋排也很好吃，每一塊都有很多肉，不會感覺啃骨頭、很單薄，BBQ醬滲透了肋排，使肋排更有風味，並不會太鹹，反倒有甜甜的口感。除了蝦子以外這應該是這家店的第二招牌，幾乎每個客人桌上都有一份。

此時弟弟再也受不了蝦子的誘惑，除了一上桌就聞到蝦子的味道，還聽到我和爸爸不停的對蝦子發出讚賞，在吃完肋排、魚排後，弟弟反而胃口大開、食指大動，如同戰士般的壯烈，一臉視死如歸的表情。

接著，弟弟快速的將蝦子吃進肚子裡：「超級好吃！」

在我和爸爸還沒反應過來的同時，又吃了第二隻。

弟弟滿足的說：「難怪你們剛剛說，要吃慢一點捨不得一次吃完，如果有飯一定超下飯的。」這裡的蝦子是先用蒜炒過再淋上其它醬汁的，所以本身味道就很香，也非常新鮮，Q彈又有嚼勁。

「別再吃喔！」我提醒弟弟，爸爸則在傻眼後，宣告自己已經吃飽，便開始玩起寶可夢。

我和弟弟則是開始吃甜點，菜單上雖寫甜點拼盤，但並沒有細講是哪幾項甜點。所謂的沒細講，就是明明是一塊巧克力蛋糕，卻取名為天使的眼淚，這種富有文學意義、很有內涵、讓人無法看透的名字。

我們大概可以吃得出來，三塊分別為草莓起司蛋糕、肉桂蛋糕、溫巧克力蛋糕，然而很不幸的，雙胞胎都不喜歡吃肉桂。

不幸中的大幸是弟弟雖不喜歡，但也沒到很討厭的地步，比起我算是還勉強吃得下去。

此時，弟弟臉色越來越難看，開始拚命吃蛋糕上的冰淇淋，讓愛吃冰淇淋的我深感痛心。

看他臉色不太對，我立刻跟服務生要了杯水：「你是開始癢了嗎？」

「對……」有時弟弟過敏發作，耳朵會一起紅起來，這次他不僅耳朵紅起來，臉也很紅：「剛剛魚的龍蝦醬，有可能是用真的龍蝦做的，不是隨便調出來的。」

他說。

弟弟每次吃蝦醬、龍蝦醬還不會過敏，是因為裡面海鮮成分其實很少，大概有百分之九十都是調出來的加工食品，因此通常他都不會有感覺，但因為這家店的龍蝦醬是用心調製出來的，所以在吃魚排的同時，弟弟在不知情的情況下，吃到了許多龍蝦。

看著弟弟狂灌水，我很擔憂的思考等下該去哪家醫院看診，但爸爸完全事不關己的在玩寶可夢，甚至還叫我們拿起手機跟他一起打道館。

「啊！跑了！」爸爸完全不關心弟弟，只在意寶可夢跑了，這讓我超級傻眼。

過好一陣子弟弟才比較好一點，我們將剩餘的甜點都吃完。直到過幾天我們跟爸爸提起這件事時，爸爸才震驚的說他不知道，以為是我和弟弟開玩笑，為了讓他不要玩寶可夢、認真幫忙吃甜點，才故意串通假裝弟弟過敏發作，這讓我們當下十分無言。

「我們怎麼可能那麼無聊？」當時弟弟明顯心靈受創，無奈的對爸爸說。

在吃完晚餐後，爸爸拉著舌頭依舊超癢，但耳朵、臉已經不紅的弟弟前往紀念品區，我則留在櫃台排隊結帳。

當我結帳完後，看到的是這個畫面。

爸爸拉著相當不情願的弟弟，將一件又一件的衣服比在弟弟身上；弟弟則是表情僵硬，充滿絕望。

「女兒，你覺得弟弟穿哪件比較好看？」我看了一號蝦蝦衣服、二號蝦蝦衣服、三號蝦蝦衣服、四號蝦蝦衣服，除了四號蝦蝦衣服顏色是白色外，其它三件都是黑色，其中一件還在蝦子上畫了一道彩虹。

「我覺得都不好看……」我惶恐：「你們買了是最近幾天就會穿嗎？」

「對呀！買了就要穿啊！女兒妳認真點，再仔細看看，告訴我哪件好看？我跟兒子要穿親子衣出去玩。」我看到一旁的弟弟對我搖了搖頭，很明顯的在我來之前，他也已經勸過爸爸了。

「還是這件？」從旁邊拿出新的五號蝦蝦衣服，這件蝦蝦衣服上的蝦蝦穿著水手衣，跟其它蝦蝦衣比起來，算是比較有變化的。

「就這件吧！」我放棄，於是弟弟露出難過的表情：「我以為所謂的親子衣，是小朋友還在幼稚園的時候，爸爸媽媽為了拍家族照才買的。」

「沒有，你要開心才對，爸爸年紀大了還願意跟你穿一樣的衣服。」爸爸快樂的將兩件衣服遞給我，我看了看爸爸又看了看弟弟，再次前往櫃台。

「這句話是我要說的才對吧？是要感謝你的兒子，長這麼大了還願意跟自己的父母穿親子衣才對吧？」弟弟表示無奈。

「那我們不叫親子衣，叫父子衣好了……這樣有比較好一點嗎？」爸爸開心的摸了摸弟弟的頭。

在父母眼裡，孩子終究只是孩子，無論我們三十歲、四十歲、五十歲、六十歲都是如此，雖然後來那兩件衣服神奇失蹤了，但對爸爸而言都是非常珍貴的回憶。

這次旅程的規劃都圍繞著爸爸的夢想，包含美國公路旅行、前往美國六十六號公路的終點及起點、帶雙胞胎回到舊金山看以前的家、回到與母親求婚的定情地芝加哥、與家人一起到尼加拉瀑布前享受被瀑布噴濕的快感、吃水牛城雞翅、跟女兒看一場百老匯音樂劇、吃一次廚神戈登・拉姆齊的餐廳、與兒子一起到拉斯維加斯賭博。這些夢想就從這裡——首站的洛衫磯開始了！

回到人生第一個家——舊金山

5

「對於一位母親來說，只要看著孩子快樂長大，人生就圓滿了。」

你的家不是你的家

說到舊金山，真的有太多太多可以講的故事。舊金山是雙胞胎的出生地，也就是我和弟弟出生的地方，我們曾在那邊短暫的住過一陣子。在姊姊兩歲大時，媽媽才和爸爸帶著姊姊回台灣，當時回台灣是為了讓在台灣的家人可以看看姊姊，認識這個小女孩。

沒想到回台灣後的一年，媽媽又懷上了孩子，在照超音波時，發現是超級無敵可愛的雙胞胎，讓媽媽又驚又喜。

媽媽一直很希望肚子裡面有個男孩，所以總是想照超音波，因為阿公、三姨丈都是婦產科醫生，所以每當媽媽想照就會到婦產科做產檢，幾乎是每三天就想去一次，真的非常想知道肚子裡孩子的性別。

但一次又一次的失望，每次照超音波時，都只能照到一個女嬰，另一個總是永遠照不到，女嬰真的太有營養，每次都擋住後面的嬰兒；大家無法判定每次看到的女嬰是不是同一個人，就連阿公都說可能是兩個女嬰。

媽媽一直期待另一個照不到的嬰兒是男孩，抱持這樣的不確定，帶著姊姊一起回到美國，那時的媽媽已經懷孕五個月了。

在美國媽媽依然有人照顧，那就是同樣身為婦產科醫生的四叔公，住進舊金山位於佛利蒙（Fremont）的大姑婆家，每天大姑婆和四叔公都很關心媽媽的身體狀況，但媽媽總是亂跑，讓他們非常擔心。

已經懷孕五個月的媽媽，看起來就像別人懷孕八個月的樣子，很多人都覺得媽媽懷的是三胞胎。

白天時媽媽會帶著姊姊去H間托育中心，有次甚至被老師叫到辦公室裡談話，因為年幼的姊姊，以為自己會講一口流利英文，不僅很愛跟別的小朋友講話，還會一直唱歌；每當午休睡覺時，總是不睡覺的一直轉圈圈又跳舞，讓老師們不知道該拿姊姊怎麼辦。

媽媽的肚子一天比一天大，一趟十分鐘的路程會走二十分鐘，光是帶姊姊上下課，就會花四十分鐘，其中還不包含和姊姊玩的時間。每當姊姊下課時，媽媽總會帶著沒吃完的麵包餅乾，接完姊姊後，便會和姊姊一起散步到社區的天鵝湖去餵天鵝、鴨子，每當這時姊姊就會很開心，說一堆誰都聽不懂，但她自認為是英文的外星語。

說到姊姊的外星語能力，不得不提起那年的萬聖節；那年萬聖節媽媽買了米妮的衣服給姊姊穿，並帶著她沿著社區要糖果吃。

姊姊每到一間，就會講一串話並指著自己頭上的帽子和身上的衣服，試圖問別人她這樣可不可愛，並繞著圈圈非常開心；每一位屋主都十分大方，都會覺得這樣的姊姊非常可愛，並會給她比別人還更多的糖果，同時笑著問媽媽她在講什麼，每當這時媽媽總是會笑著說不知道。

姊姊後來說她那時是真心認為自己會說英文，也覺得有確實的跟別人傳達心意和達成溝通的作用，為這段經歷感到十分自豪，還強調美國的萬聖節，比起台灣的熱鬧很多。

媽媽懷孕七個月的時候，沒事就會坐公車去附近的購物商場逛街，有次在公車站過馬路時，有人特別騎車到媽媽面前停下，詢問是不是懷三胞胎，接著祝她一切好運。與騎士道別後，媽媽上了公車，司機同樣也瞪大眼睛問媽媽要去哪，媽媽說她要去購物商場，司機非常不放心，一再確認是不是購物商場後兩站的醫院，一再強調如果要生了，一定要跟他說，他會以最快的速度載媽媽去。

懷孕的媽媽

騎士加司機，已經連續兩個人關心媽媽的肚子了，才進購物商場就有一位人美心也美的黑人女士急忙走來，用英文問媽媽：「甜心，妳確定妳要逛街嗎？妳應該要回家休息才對。」感謝她的關心後，媽媽突然發現每個看她的人，都在看她的巨無霸肚子。

後來在懷孕八個半月時，四叔公說媽媽不能再出去走了，所以改成舅舅載媽媽去接姊姊回來。

這期間媽媽又照了一次超音波，還是不知道肚子中的另一個嬰兒是男是女；

在照完超音波後，四叔公發現有早產的現象，於是給了媽媽安胎藥，到九個半月前，媽媽都待在家裡。

爸爸在媽媽快生的前一個禮拜，忍不住拋下所有工作、會議，趕到美國找媽媽，想要見證這歷史性的一刻，爸爸說想陪媽媽一起進產房，全程為她加油。

在生產前一天，媽媽做了最後一次的產檢，當時四叔公說女嬰實在太龐大了，另一個嬰兒太小了，所以如果隔天沒有陣痛，他就要催生了，因為女嬰太龐大一直吸收養分，如果再久一點另一個嬰兒會很危險，而當時媽媽的肚皮也很薄，看得到微血管，

小時候全家福

還黑黑的一大塊。

當天晚上媽媽就拍拍肚子跟我們說：「寶貝們，該出來囉！」在心裡跟我們說了很多很多的話，結果隔天一早六點，肚子果真開始劇痛。

早上七點五十三分，生下超可愛的我，那時高達三千公克。

接著在早上八點整，生下了第二個孩子，原以為是女孩，結果在確認性別時，意外發現是男孩，當時陪產的嬸婆，也就是四叔公的老婆驚呼：「是小大象！龍鳳胎！妳有兒子啦！」讓媽媽、爸爸都落下感動的淚水。

在當下媽媽就要了電話，打給阿公報平安，說自己生了一對龍鳳胎，一男一女兩個孩子都很健康平安。

雖然隔著大大的太平洋，但知道媽媽即將生產的消息，所有在台灣的家人都聚在一起，所以當電話接通，媽媽報完平安時，都能清楚聽到大家的尖叫、歡呼聲。

接到消息後，在加拿大溫哥華研習的三姨丈，立刻就從溫哥華趕來看媽媽，還有剛出生的我和弟弟，當時弟弟長得像混血兒，顏值比我還要高，我則因為長得像爸爸遜色一點，但美貌還是十分驚人。

對，我真的很漂亮，當時的我美到冒泡，我只是後來變胖長歪而已。

而之後媽媽、爸爸帶著我們回舊金山的家時，姊姊還不知道自己有了弟弟、妹妹。

「媽媽，這兩坨東西是什麼？」年幼的姊姊，根本不知道嬰兒是什麼。

「是妳的弟弟、妹妹啊！」媽媽耐心的回答。

緊接著姊姊又說起她的外星語，我想肯定是說我長得很可愛吧！

一早我們便從洛杉磯啟程到舊金山，在路途中爸爸都哼著歌，完全克制不住自己的好心情，原本我們預計要先到比佛利山莊去看一看，但因為爸爸晚上臨時跟朋友有約，所以決定直接開往舊金山的老家，去那邊看一看以前住過的房子，還有媽媽常帶姊姊去散步的天鵝公園，當然還有我們出生的醫院。

開了將近三小時左右，路途中我們經過了洛斯巴諾斯（Los Banos），身為行走導航的弟弟，立刻找了家畜牧民族老闆開的Wool Growers Restaurant，這家店提供的是擁有一百多年歷史的法國巴斯克佳餚，是當地人最愛的餐廳之一。

整間店走鄉村風格，所有擺飾都非常簡單，跟酒吧連在一起，酒吧牆上有兩個鹿頭，而餐廳的座位並沒有分所謂的六、四、二人座，直接都是十六人座。

餐廳內並沒有菜單，服務生來點餐時直接問需要什麼主食，主食的選擇分別是牛、豬、魚、羊排。

點完餐後，爸爸和弟弟就去上廁所，我則是留在位子上看包包，在這短短時間裡服務生倒了自家釀的紅酒到我們的杯子裡，這讓我非常慌張立刻阻止，但服務生只是對我笑一笑，叫我等一下。

不到三分鐘的時間，桌上放滿一大盤凱薩沙拉、超大鍋道地羅宋湯跟大盆豆子、燉羊肉。我緊張的用破英文跟服務生說我們沒有點這些東西，可能是送錯桌，服務生回我一大串英文，意思大概就是這些餐點全是免費，祝我們用餐愉快。

但我依舊半信半疑，因為給的分量實在太多，而且我英文又超爛的，比起相信自己的英文能力，我更相信是我誤解服務生的意思。

「哇！這一大桌是怎麼回事？」弟弟比起爸爸更早回來，我立刻解釋：「服務生說這些都是送的，全部免費。」

「妳確定嗎？沒有聽錯嗎？這還有燉羊肉，不太可能吧？」弟弟看了看餐點，覺得肯定是我聽錯了，於是弟弟離座，再次和服務生確認。

「對，服務生說這些都是免費的。」弟弟再次確認後，就坐到我旁邊，但我們始終沒有人敢動叉子，深怕吃完後被多算錢。

過了不久，爸爸回來了：「這些菜怎麼回事？」他和我們一樣疑惑。

「服務生說這些都是免費的……我問完後，弟弟也有再確認過一次。」

和我們一樣，覺得應該是聽錯了，爸爸再次起身去問服務生，服務生則覺得超困惑，為什麼同樣問題要被我們問三次，溝通一段時間後，爸爸就直接拿起刀叉開始吃：「這些真的全都免費，我們找到了一家挺不錯的餐廳。」

一桌滿滿的食物要吃完並不容易，何況當你覺得很飽以後，你的主餐才來。

我們的主食都是選牛排，但在剛拿到餐點時，我們都以為大家點的主食是不一樣的，因為拿到的牛排部位看起來並不相同，肉有大有小，這讓我們覺得很驚奇。

後來才知道這是畜牧民族的吃飯習慣，在主食前會有很多道菜，用大盤子盛裝是為了營造大家一起分食的感覺，同時也讓大家因為吃飯團結在一起；而牛排之所以會有不同的部位，則是因為對他們而言每一塊肉都是很珍貴且不能浪費的，有什麼就給什麼是他們的習慣。

牛排的外貌雖然看起來像烤焦了一樣，顏色非常黑，但是切下去後會意外發現只有五分熟，跟想像中的不同，一點也不硬反而很軟嫩，若是怕吃肉見血的人，甚至會覺得很生。

當我們吃完牛排，要起身結帳時，再度被服務生攔住，服務生詢問我們要不要吃冰淇淋，這次問完後他還像學乖了一樣，強調全都是免費。

這讓爸爸哭笑不得，說服務生肯定是誤會他和弟弟也不會說英文了，拿到冰淇淋後我們等不及拆開，這冰淇淋是用新鮮牛奶直接做成的，奶香味很足，可惜不是在台灣，不然我們肯定直接買一大盒回家吃。

結完帳後我們沿著五號公路繼續開，爸爸開不到半小時就不照導航走了，他跟我們說要帶我們去一個很有名的露營地，叫做 Anderson Lake。

不知道我們是從露營地的屁股闖入還是怎麼開的，總之在未開放的情況下，我們不小心闖了進來，當爸爸緊張不知道怎麼再開出去的時候，我和弟弟吵著要拍照。

雖然難過露營地沒有開放，沒有像預期的那樣可以玩水、堆石頭，但我們依舊還是看到清澈、壯觀、顏色超藍的漂亮湖泊，不只是我，就連平常對拍照沒興趣的弟弟，也直呼至少要拍一張照片。

我和弟弟快速下車拍照，叫爸爸下車時，他說：「不行！我不能下車，如果我下車等下有警衛的話，我們就不能開車逃跑了。」

他的這句話不只讓我們覺得好笑，同時也提醒我們此地不宜久留，畢竟是不小心闖進來的，應該要趕快出去才對，所以我們快速的拍照。

然後……快速的幫爸爸還有車子，以及後面的超大湖泊拍照。

在我們上車後，爸爸就以最快速的速度離開，接著再開兩小時左右，我們抵達了舊金山。

生命中的過客，無法讓房子成為一個家；只有生命中最重要的人，才足以讓一個家完整。

舊金山，我們的出生地。

爸爸說在抵達舊金山老家前，會先經過我們出生的華盛頓醫院（Washington Hospital Healthcare System），以及小時候媽媽經常帶姊姊散步的天鵝湖。

抵達天鵝湖時，爸爸特別跟媽媽視訊，媽媽一看到天鵝湖就很興奮，說這裡跟當時一模一樣，一點也沒有改變。

小時候，媽媽總是頂著大大的肚子，裡面裝著還沒出生的我和弟弟，和姊姊來這散步，我們家也有許多媽媽和姊姊在這裡拍的舊照片。

不得不說這跟我想像中的不一樣，比我想像中的還要大上好幾倍，天鵝的數量也很驚人，不僅有

舊金山老家

白天鵝、黑天鵝，還有成群的鴨子們，這裡的天鵝並不怕生，看到我們過來就把我們圍住，嚇得我完全不敢動。

在眾多天鵝中，有一隻天鵝老大，無論牠走到哪裡，都會有一群天鵝跟在牠屁股後面走；不遠處也有一隻鴨王，走到哪後面都跟著一群鴨子，我拿起我的相機拍個不停。

當我拍得正盡興時，突然感覺有人在拉我的衣服，回頭一看是一隻天鵝咬著我的衣服不放，嚇得我立刻跑起來，那隻天鵝絲毫沒有要放棄的樣子，而且不知道為什麼，越來越多隻天鵝支援牠，過沒多久我的後頭就多了第二隻、第三隻……加起來總共五隻天鵝，與天鵝上演了你追我跑的畫面後，我看到一張長椅，我毫不猶豫的直接跳上去。

天鵝圍著椅子不停的張開牠們的翅膀，此時有一個和藹的老爺爺拯救了我，他將手中的麵包撕成一塊一塊的丟在地上，慢慢的將天鵝引開我身邊，站在遠處的爸爸急忙和老爺爺道了謝。

「如果妳不跑，那些天鵝也不會追，牠們一定以為妳在跟牠們玩。」爸爸和弟弟立刻過來找我。

「老爸，牠們絕對不是在跟我玩，有一隻天鵝咬了我的衣服，現在我的衣服有牠滿滿的口水。」

「那也是在玩啊！」弟弟笑著說。

「可是牠一直拉我衣服還重複咬，我一度覺得再不躲，牠會不小心咬到我的屁股。」

「那是妳屁股太大，太多肉了，所以天鵝想咬一口。」莫名被爸爸取笑一番，我深受委屈。

而這件事，帶給我無法抹滅的陰影，到現在我看到天鵝，還是會覺得很恐怖。

在離開天鵝湖後，我和弟弟終於抵達我們人生住的第一棟房子。

這棟房子是黃色的，是典型的美國別墅，房子前都會有大片的草坪，還會配有私人車庫，有著黑、藍色拼貼的磚塊屋頂，並且有一個大大的紅色煙囪和兩個天窗，我們好奇的左看、右看，並拍了一張照片。

聽媽媽說，幾年前大姑婆自己選了一棟她很喜歡的養老公寓，在和家人溝通後就快樂搬過去住了，所以就連媽媽也不清楚現在房子裡是住誰。

媽媽還說大姑婆選的養老公寓，有很多活動體驗、聚會，大姑婆在那裡過得很開心也交了很多好朋友，原本這次來我們想聯繫她，但怕太過打擾，所以在商量後決定簡單來這拍拍照、做做紀念就好。

雖然車庫前停有一輛白色車子，但我還是很想看看家裡長什麼樣子，我和弟弟看到側面有一扇窗，想說透過那面窗戶，稍微偷看裡面長什麼樣子，沒想到才看一下就和女主人對到眼。

弟弟立刻毫不猶豫地逃走，我則是正要逃跑的時後被逮個正著，女主人打開窗戶，用英文問我為什麼要看她，我很想回答我是原本住在這裡的人，但她看起來真的非常兇，而且我英文又很爛，怕解釋在她耳裡變挑釁。

而且在電影裡都是這樣演的，當發生這種事的時候，男主人會不知道從哪突然出現並拿著槍，想到這恐怖畫面，我立刻用我的破英文瘋狂道歉，並狼狽的逃回車裡。

當爸爸問我和弟弟發生什麼事時，因為太過驚恐所以當下沒回答，後來將這件事跟媽媽說，媽媽說可能大姑婆將那棟房子租給別人，也可能裡面住的是我們其他親戚，所以我們其實連跑都不用跑，要是好好打招呼，說不定還能敘敘舊呢！

巴米巷繪畫中的畫家

魅力十足的巴米巷與卡斯楚街

昨天，我和弟弟氣了一整晚，因為預訂飯店的時候，飯店雖然寫說提供停車場，卻沒有清楚寫出還需要收費，因此我們等於是在沒準備的情況下，突然被收七十五美金的停車費用，將近台幣兩千五百元左右，相當於一晚雙人房的費用。

雖然氣了一晚，但我們還是一早就去當觀光客逛了好幾個地方，其中包含聯合廣場、倫巴底街、藝術宮、漁人碼頭，在吃完午餐後，我們前往巴米巷和卡斯楚街。

巴米巷有許多特色壁畫，每幅畫的風格都不太一樣，想要傳遞給大家的故事皆不同，光是小小一條就藏了近兩百幅的壁畫。

我每次去任何國家都會來到他們的壁畫區，覺得這樣才像融入當地生活，因為每幅壁畫都有它的靈魂、故事，值得我們細細品味。

「連我都沒有來過，我根本不知道教會區裡有一條街都是壁畫。」爸爸惋惜的說：「如果不是訂錯機票就可以逛久一點了……」

是的，關於訂錯機票這一點……這完全都是我問題。在訂購機票的時候我以為下午五點會打出「十七」這樣的數字，當看到「五」時，我就直覺認為是早上五點，根本沒有在看人家後面的am、pm，以至於到了前天，爸爸和我確認機票時，才發現我訂錯時間，原本是明天才要搭飛機前往芝加哥，結果變成今天下午就要去搭飛機。

所以我們在舊金山時，根本每個景點都在走馬看花，對於有記憶以來，第一次回到舊金山的弟弟，我真的感到很抱歉。

「這裡的壁畫顏色都很鮮豔，快速找幾幅拍一拍就快點走吧！」爸爸委屈的說：「你們下車拍，我車子隨意繞一繞，等下這裡集合。」

巴米巷其實很不好停車，所以爸爸就開著車子到處繞繞，從車上欣賞壁畫，延著整個社區走，會發現壁畫不僅局限於巴米巷，在四周圍都有許多特色壁畫，有些畫則是畫在郵筒、路燈上。

我和弟弟一路狂奔，快速用眼睛掃射壁畫，並快速拍照。

巴米巷（Balmy Alley）是一九七〇年代教會區第一條壁畫巷，主要由當地的南美洲藝術家、居民製作，我們在拍攝時還遇到一位藝術家正在畫著壁畫，還特地詢問能不能和他一起拍張照，許多壁畫都是在表達異地求生的堅毅、不易及努力。

「快上車！」當我們在街上奔跑，準備回約好的集合地點時，爸爸率先開到我們旁邊，並搖下窗戶。

「怎麼了？」弟弟慌張的開門跳上去，緊張到忘記我還沒上車，就快速關門。

「幹嘛關門啦？我還沒上車！」我在多跑十公尺後跳上車。

「我以為妳要從前門上車啊！」弟弟解釋。

「車子有追來嗎？」爸爸緊張的問我們。

「車子？」我和弟弟再度發揮我們的雙胞胎默契，疑惑的看著爸爸。

「警車啊……說我不能暫停在路邊，叫我開走，還一直盯著我有沒有再停下來，剛剛接你們的時候，我停了十秒左右吧！」

「他們真要抓你，早就抓了……」

「對呀！你開再快也沒用吧？一定會被抓的啊？」弟弟附和。

匆忙離開巴米巷後，我們就來到美國同性戀人權運動發源地卡斯楚街（Castro Street）。

在二戰結束之後，美國軍方將大批因性向理由而被除役的同性戀士兵，集中往舊金山安置，其中大部分士兵被送往卡斯楚街，時間一長便吸引不少同性戀居民安居於此。

在美國實施民主政策，且開始倡導人權後，卡斯楚街掛滿了彩虹旗，象徵美國的自由、民主，每一間店幾乎都有彩虹旗或海報，販售的周邊也都是相關彩虹商品，就連冰淇淋店都在門口掛滿不同顏色冰淇淋、寵物店的狗狗都掛著彩虹圍兜兜，這裡也成為同性戀運動的主要聚集中心，包含遊行、示威、活動，都常在這裡舉辦。

這裡是美國 LGBT 人權運動的發源處，具重要的歷史指標。

昭告著一個人活在這世上從來都不需要證明什麼，存在的本身就是獨一無二的。

「你都不會反對同性戀嗎？」當走在街上的時候弟弟問了爸爸。

「當然不反對啊！不支持也不反對，因為沒什麼好支持好反對的，爸爸覺得性向是一個人的事情，他今天喜歡誰都沒有錯，既然沒有錯也沒什麼好證明的，也就沒有什麼支持反對的，因為大家都不是當事人。」爸爸講完以後，開始用懷疑的眼神看著弟弟，畢竟弟弟母胎單身，至今都沒交過一個女朋友。

難道弟弟現在是在跟我們坦承出櫃嗎？我也立刻將手邊的東西都放下，認真地看著他，想用這樣的方式，表達我的關心。

「怎樣？看我幹嘛？」弟弟問：「你不會是以為……」

「老爸會站在你這邊的！」不等弟弟講完，爸爸先表示他的愛：「就像我說的這沒什麼，根本也不用管支持還反對，遵從你的心就好。」

「……」

「老爸不會讓任何人傷害你，很多事只要你想清楚就好。」

「你先等等……雖然我覺得你講得非常感人，也相信這是一件很感人肺腑的事情，但是我不是……」

「我再說一次……兒子啊！什麼事都可以跟老爸說，真的不用擔心……」

「我昨天才在旅館看A片打手槍，最近覺得三上悠亞還不錯！」弟弟快速的說：「還有我有一個長達兩個禮拜的煩惱……最近才在苦惱常用的A片網站，改成收費會員制。」

「?!」爸爸震驚，接著不小心脫口而出：「爸爸那個年代……都是要下載完了才能看……」

「夠了，尊重一下我。」聽著爸爸與弟弟開始討論，喜歡哪種身材的女孩子，我無言的決定先去旁邊買兩球冰淇淋。

爸爸就是這樣，雖然從小到大扮黑臉，總是看起來很嚴厲，但當我們長大了以後，就會發現那些嚴厲都是他裝出來的。其實他一點也不在意我們的學歷、經歷，他只想我們快樂活著，他總是說很多事都是錯過了才發現沒享受當下，當我們在苦惱很多事的時候，常忘記身邊已經擁有了不少東西，包含這次爸爸無意的問弟弟性

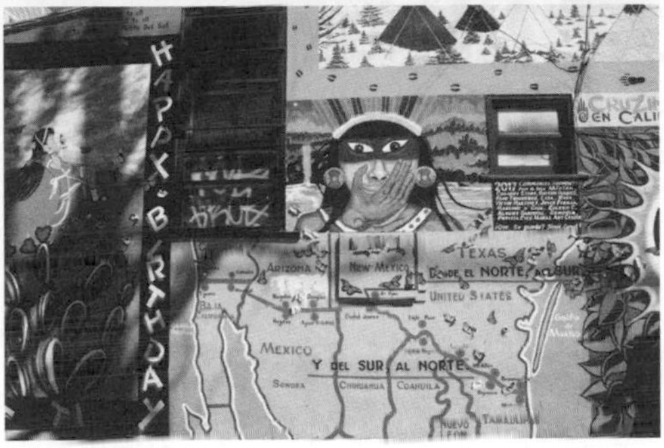

1 卡斯楚街的可愛巴士
2 卡斯楚街上的寵物店狗狗
3 巴米巷內特色壁畫

向，其實他只是想用輕鬆的方式來聊聊。雖然弟弟真的不是同性戀，但就如同爸爸後來跟我們開玩笑的：

「無論發生什麼，天塌下來了也有爸爸擋，因為爸爸的身高比較高。」

充滿回憶的風城——芝加哥

KEMPER

「所有回憶都是在瞬間產生的，但當下卻沒人發現。」

爸爸回憶爺爺的方式

坐上舊金山前往芝加哥的飛機後，爸爸一路都在講以前和爺爺在西北大學的故事，就連我們來到這的第一頓早餐，也是從前爸爸帶爺爺來吃過的。

「我等一下要帶你們去吃幽浮！」爸爸拍拍胸口，一臉交給我的表情，對著還沒睡醒的雙胞胎說。

「啊！你好醜啊！」看著一旁的弟弟，才剛醒來的我一臉無奈的說。

「怎樣啦？我剛起床啊！」弟弟每次剛起床頭髮就會變各式各樣的模樣，今天是超級賽亞人，頭髮高到感覺可以綁個蝴蝶結。

「我說……我等一下要帶你們去吃幽浮。」爸爸試圖引起我們的注意。

「世榮你剛說什麼？」弟弟故意叫爸爸的名字。

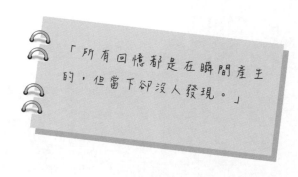

「世榮剛剛在跟慕藩、慕盈說，等下要去吃幽浮。」爸爸笑著回答。

「老李，你總是一起床就會胡說八道。」老李是我對老爸的專屬愛稱，全世界只有我可以叫他老李。

「快給我起床！」爸爸立刻把我們抓起來，在吵吵鬧鬧的過程中，我們終於起來，準備前往 Walker Bros. Original Pancake House 吃早餐。

這家早餐是芝加哥早餐店第一名，排了將近四十分鐘我們才進去吃，爸爸說爺爺只要來這裡，就會點招牌 Apple Pancake 還有 Dutch Baby，長得都跟一般鬆餅、煎餅不一樣，是只有這裡才能吃到的美食，而且分量都是巨無霸，一份大約兩個人才吃得完。

Apple Pancake 像是巨無霸的蘋果派，卻更鬆軟膨厚，焦糖味比肉桂味重些；Dutch Baby 就是荷蘭鬆餅，會附上檸檬、糖粉還有鮮奶油，據爸爸的說法，他覺得很像幽浮，總之兩道都十分美味、讓人印象深刻。

原本我們來芝加哥並沒有安排要去西北大學，但因為爸爸說想回去學校看一看，所以我和弟弟把很多行程都排開，甚至是直接空下一整天。

到西北大學後爸爸慢悠悠地走著，走過每個走廊、看了每間教室，跟我們聊了很多在西北大學發生的故事，當然順便糗我們一番，說他多麼多麼聰明為什麼我們可以這麼笨。

「如果你們跟我一樣聰明，肯定可以有所作為，像是當科學家之類的。」

「那你為什麼不當科學家？」弟弟問。

「因為那不是我讀的科系，我讀的是電腦博士。」爸爸回答。

「那你為什麼不當修電腦的或當程式設計、工程師之類的？」弟弟繼續問。

「你知道我們以前的電腦是正方形厚厚的那種嗎？」爸爸傻眼：「我一畢業後過了幾年，電腦就變成接螢幕的，接下來就變筆記型電腦，現在甚至還有平版、AR和VR的出現。」

「所以你為什麼要讀電腦博士？」弟弟不怕死的繼續說：「現在西北大學還有電腦系嗎？」

「沒有了……不過可能是把我們系的東西，分成兩個系，像是服裝設計系變服裝系、設計系？」

當爸爸回到西北大學時，發現已經沒有當初讀的電腦系，其實可以感覺出爸爸有點失落。

所以弟弟就瘋狂和爸爸聊天，雖然是以欠扁的方式，但可以感覺出爸爸變比較有精神了。

「那你在交通大學讀的是什麼？」弟弟就算知道，還是故意問爸爸。

「我讀數學系！」爸爸驕傲的說：「但可惜你們都沒遺傳到我，看看你們從小到大，數學考得多差，你姊姊甚至考輸資源班的。」

說到這裡我慢慢飄走，我記得小時候我問爸爸數學，還被爸爸用不可思議的表情問我為什麼這麼笨，是不是上課都在偷睡覺。

「那你讀數學系，現在在幹嘛？」弟弟欠扁的說：「你看看你，大學讀什麼不重要……」正當弟弟要說什麼時，看到爸爸

西北大學和爸爸合照

眼睛瞇成一線，手握緊準備打他的頭，嚇得他趕緊改口：「你看你更優秀了！根本是所有領域的東西都無師自通，果然是智商高的人呀！」

爸爸難得回弟弟一個白眼，接著說：「就算你們不聰明，爸爸還是愛你們的，路是給人闖的，永遠不可能是直的。」

雖然爸爸常跟我們開玩笑，說只要我們夠聰明就可以做什麼，但其實都是刀子嘴豆腐心；對爸爸來說只要我們快樂長大就好，不學壞、不害人、不自負，就會有成就，這是爸爸媽媽從小到大對我們說的。

除了回到系所、教室，爸爸也逛了其它地方，甚至和弟弟一起在遠方偷看操場上的啦啦隊練習。

談起過世的爺爺，雖然都是笑笑的在講，卻能感覺他很難過。

和我們講了許多爺爺從台灣飛來找他的趣事，包含爺爺很愛芝加哥的一家吃到飽生蠔餐廳，以及總是吃到快吐才滿意離去的小故事，逗得我和弟弟哈哈大笑。

不過其實早在來芝加哥前，媽媽就和我們提過那間餐廳了，當時媽媽還請在美國的朋友幫我們訂位，所以今晚我們其實會帶爸爸到那間餐廳吃飯。

這就是為什麼爸爸在講這件往事時，我和弟弟會一直笑的主要原因。

爸爸、爺爺和雙胞胎合照

美國大學有一個特殊文化，每間大學都有自己的代表色，甚至是有周邊商品專賣店，裡面會賣衣服、杯子、帽子、磁鐵、吊飾、娃娃應有盡有，當爸爸帶我們來到西北大學專賣店時，我和弟弟超驚訝，更讓我們震驚的是排隊結帳隊伍超長，真的有很多人會來買。

當我們不注意時，爸爸早就不見了，緊接著看到他東抓抓、西拿拿，看上的東西比我在迪士尼商店看上的還多，一逛就是近乎一小時，誇張的行徑連店員都忍不住笑了笑，甚至和爸爸開始聊天，在知道爸爸是校友後，還主動說會算便宜點。

我和弟弟趕緊幫爸爸結帳後，就幫忙搬東西：「這些東西你行李放得下嗎？」我問了問爸爸，只見爸爸開始傻笑。

「還是先放在我的行李箱裡？」只見爸爸立刻點頭，看來在買的時候，就已經有這個打算了。

「孩子們……老爸知道你們可能覺得和我一起回學校，是一件非常無聊的事情……」

「沒有啦！沒有很無聊！」我和弟弟趕緊打斷爸爸，希望他別多想。

「無論有沒有覺得無聊，老爸都很開心，覺得有你們一起陪我來這裡，真的很有意義。」

能聽爸爸這麼說，真的非常的感人。

「尤其是幫我提這兩大袋東西，還讓我塞進你們的行李箱。」爸爸感慨的說，而我和弟弟瞬間無言。

他肯定一開始就預謀好，要對我們的行李箱出手。

對所有父母來說都是一樣的，他們想要的就是孩子陪在身邊。

人年紀大了往往會開始回憶很多往事，會發現討厭的事突然不討厭了，原本覺得枯燥乏味的事，突然變得很有意義。

能夠有孩子陪伴一起回味這些酸甜苦辣，無疑是最幸福的。

我們離開西北大學後，去了Blue Man Show的劇場看一看，因為已在拉斯維加斯訂好票，所以只是進去劇場感受氛圍，接著便前往奧茲公園和《綠野仙蹤》裡的桃樂絲、機器人、膽小的獅子拍照。

「我們又有驚喜要給你了！」去完公園上車沒多久，開車的弟弟對著坐在副駕的爸爸說。

只見爸爸呼呼大睡，完全沒有聽到。

「這樣正好，等下一睜眼就嚇到！」我哈哈大笑。

「他這樣以後可能就不敢睡覺了，都怕我們會突然幹嘛。」弟弟笑著說：「希望等下他吃得下，畢竟是吃到飽。」

「一定吃得下，我們都故意沒吃午餐了。」

沒過多久，我們便抵達了餐廳，爸爸也被我們叫醒。

「天啊！不會吧？我沒跟你們說餐廳的名字，你們怎麼會知道這裡？」爸爸看著眼前的餐廳，不敢置信的看著我們。

「媽媽在我們出發前，就已經先幫我們預訂好餐廳了。」看著驚訝的爸爸，弟弟超開心的說：「希望你吃得下！」

「難怪我剛剛要吃熱狗，你們不讓

爸爸和弟弟在爺爺最愛的生蠔餐廳合影

肥嫩生蠔

我吃！」爸爸快樂的摸了摸我跟弟弟的頭，接著很得意的說：「等下我點餐，我知道這家餐廳什麼菜最有名！」

Bob Chinn's Crab House是這家餐廳的名字，是爺爺在芝加哥最愛吃的餐廳，擁有許多爸爸和爺爺的重要回憶。

帶爸爸進入餐廳後，爸爸立刻就拿起菜單。

萬萬沒想到這家餐廳在近幾年更改了經營方式，原本吃到飽的生蠔，改成單點方式，不再是生蠔吃到飽餐廳。

「至少在餐點上沒做什麼改變……好！請服務生幫我們點餐，我決定好要點什麼了。」難掩失落卻故作堅強的爸爸著實讓人心疼。

爸爸一口氣就點了雪蟹腳、焗烤龍蝦、肋眼牛排、生蠔，絲毫沒在跟我和弟弟客氣。

雖然生蠔已經不是吃到飽，但在晚餐時段六點前入座，就可以打半價，這讓爸爸開心得要死，一直說這家店的海鮮都是真材實料、超大份量，完全沒在省成本，生蠔換算台幣後大概是三百元十一顆，真的挺便宜的。

「看來我只能吃牛排了。」弟弟看著我們傷心的說：「點的都是海鮮，我只有生蠔、牛排可以吃。」

「講得好像多委屈一樣，你看看你剛講的，牛排、生蠔欸！」我看著弟弟搖搖頭。

「不……我是在為了我買了龍蝦和帝王蟹不能吃而難過。」弟弟默哀。

「之前我在西北大學讀書的時候，我就很常跟朋友來吃，那時候比現在便宜，還可以吃到飽，就連你媽都說這裡的海鮮很新鮮，爺爺也總是指定要吃這家。」整頓飯爸爸的話題都圍繞在爺爺有多喜歡吃這家店、當時多少人泡妞約在這裡吃飯，以及媽媽第一次來吃時，對這家店有多讚嘆。

雖然這頓飯花了不少錢，但我和弟弟都覺得很值得。因為爸爸真的非常開心，甚至整頓飯都沒有停下來，一直拚命的和我們談他過去的往事，可以感覺他自從來到芝加哥後，就一直處在非常興奮的狀態。

不僅是孩子的笑容能讓父母開心；父母開心的模樣，同樣也能讓孩子感到非常開心。

「為了愛人可以付出所有；所有生命的誕生，皆可能來自一場浪漫愛情。」

交往九天就閃婚

媽媽和爸爸結婚完後就一起去了芝加哥，是在芝加哥懷孕並生下姊姊的。

在懷孕時，媽媽總是體力很好，想要到處走走，無論是誰都無法阻止媽媽興奮的心情，幾乎每一天媽媽都很開心。

就跟在生雙胞胎時一樣，媽媽非常愛逛街，尤其是去購物商場，她總是可以逛上兩小時，完全不需要休息，爸爸都在旁邊走累了，媽媽還是一直往前走。

媽媽懷孕時，最愛吃芒果，所以爸爸很常開來回一小時的車程，特別帶媽媽去墨西哥超市、華人超市買芒果。

那個時候，有許多人來探望媽媽，只要有人來，爸爸、媽媽就會帶他們去吃 Bob Chinn's Crab

爸媽結婚照

House，也就是吃到飽生蠔大餐。

在姊姊出生前，爸爸終於拿到了博士學位，當時媽媽還和爸爸開心的一起慶祝，每天都過得非常浪漫，就算只是隨便散散步，爸爸跟媽媽也始終冒著粉紅泡泡。

媽媽在生姊姊時，爸爸全程陪在旁邊，那時候親眼見證姊姊的出生，媽媽勇敢的模樣，讓爸爸到現在都還記得。從那天起，他重新了解什麼叫母愛的偉大，每當看到媽媽，都無限佩服。

在姊姊出生後的好幾天，媽媽就算只是想上廁所，爸爸也都會很緊張的扶媽媽去廁所。在姊姊剛出生時，三姑婆也特地從舊金山飛到芝加哥幫媽媽坐月子，之後所有姊妹們都來了。媽媽總共有四個姊妹，最後由大阿姨，也就是媽媽的姊姊留下來繼續照顧她。

媽媽說：「我從來都不相信命中注定，直到我真的遇到了屬於我的那個人。」

那年媽媽二十八歲、爸爸三十二歲。

他們的相遇來自一場相親，媽媽在外婆的陪同下一起去找爸爸，那次是第一次見到爸爸，爸爸穿著襯衫看起來很害羞。

爸爸和爺爺、奶奶，還有他的兩個妹妹、一個弟弟……是的，全家人一起端詳媽媽。

媽媽害羞的打招呼，接著一向很健談的外婆就開啟了話題，而當時爺爺給人的感覺非常溫暖、可靠，在與外婆開心聊天後，就問外婆說：「您的老公是不是叫張漢東？」

外婆聽到後，嚇了一跳：「難道您認識我老公嗎？」

「是的，我們都讀彰化高中，他是我的同學。」接著長輩們像是開啟了話題，拚命的聊天，這讓媽媽、爸爸想私底下聊天都沒辦法。

爸爸因此在吃完飯後，邀請媽媽再去其它地方吃點東西，想要讓彼此的關係更近一步，更因為兩人當下都對彼此有好感，約好之後還要在美國繼續見面。

在認識後的兩天，爸爸就啟程回到芝加哥，因為媽媽一個月後也要去西雅圖留學，所以兩人約好要在西雅圖見面。當時叔叔，也就是爸爸的弟弟，和爸爸一起特地從芝加哥飛去西雅圖找媽媽，並約好三人一起去加拿大玩四天，整趟旅程大概花費一個禮拜的時間，從開始的第一天爸爸和媽媽試著交往，到最後一天爸爸將媽媽送回西雅圖，在爸爸要回去芝加哥前，媽媽對爸爸百般不捨。

回來西雅圖才過一天，媽

媽媽婚紗照

爸媽兩家人合照

媽就決定要去芝加哥找爸爸，原以為媽媽已經很衝動，沒想到在抵達芝加哥後的當天晚上，爸爸就求婚了。

那天爸爸帶媽媽去看了一場芭蕾舞表演，隨後兩人便一起乘坐馬車，據媽媽的說法，當時那裡充滿馬糞味以及各種尿騷味。

被求婚的當下，媽媽又驚又喜，隨後打給外婆說自己被求婚了，外婆超傻眼，想說為什麼兩人突然碰在一起，還說要結婚。

之後外婆去探聽，發現爺爺跟大舅公以前有做過生意，做得很不錯才放心答應兩人的婚事，並送上滿滿的祝福。

所以，媽媽和爸爸認識才一個多月，實際交往才九天，爸爸就跟媽媽求婚了；從九月認識、十月求婚、隔年一月訂婚、五月結婚，整個過程還不到一年。

聽完媽媽的這個故事，我超級心寒。

爸爸媽媽都跟我們說，認識一個男人、女人要長達三年，才能真正熟悉彼此；且要同居很多年，才能看清一個人的本性；然後才會知道是否可以將自己託付給對方，並結婚、生子。

現在看來……似乎不是這麼一回事。

「染上顏色的畫布，像被施予了魔法，在完成之前，就連畫家都不知道會變成什麼樣子。」

千禧公園裡的畫家

來到芝加哥的第二天，我們回到了舊照片裡出現的麥當勞，這裡的麥當勞是全世界第一家麥當勞，在芝加哥市區內，甚至還有麥當勞博物館。當我們抵達時才發現這裡已經重新裝潢，不再有照片上出現的舊海報、玩具，雖然失望卻能感受到麥當勞的進步，新的麥當勞是全新綠建築，比起之前更加環保。

「芝加哥可是建築、藝術、速食的重鎮啊！」爸爸突然對天吶喊著。

「所謂的速食，是因為麥當勞在這裡開第一家店嗎？」弟弟質疑。

「當然還有熱狗啊！芝加哥的熱狗，還有深盤披薩！」我趕緊回答。

我們停好車後，走沒多久就抵達千禧公園

（Millennium Park）。

「天啊！有人在這裡寫生！」我立刻跑去畫家的後面，看她在畫什麼。

「她在畫雲門！畫超像的！」接著我用很爛的英文，問她可不可以拍照。

她和我介紹說她是美術學院的學生，沒想到年紀居然比我小！

雲門（Cloud Gate），是外型像豆子的芝加哥最新地標，跟白金漢噴泉（Buckingham Fountain）相隔一段路，途中還會經過人臉噴泉（The Crown

雲門畫家

Fountain）。

芝加哥可以說是藝術家的聚集地，尤其是建築設計師最愛來芝加哥，因為這裡的建築設計總是走在世界最前端，在路上也時常看到畫家們拿著畫布就開始在路邊畫畫，這樣的畫面讓人看了心情很好。

「我很喜歡像這樣拿著畫布，到處畫畫。」那位有著金髮的畫家這麼對我說：「我喜歡畫畫的原因，是因為我在完成這幅作品前，我自己都不知道會是什麼樣子的作品。」在女孩跟我說話的同時，爸爸在一旁翻譯。

「慕祺在畫畫的時候，應該也是這樣吧！」提起會畫畫的姊姊，爸爸露出疼惜的表情，並開心的說：「有天，我也要讓你姊姊來芝加哥寫生！」

讓姊姊回到出生地，寫生畫畫嗎？這真是不錯的主意！

在跟畫家道別，並感謝她後，我們就慢慢散步在公園內。

在經過人臉噴泉時，發生了點趣事。

起先我們過去拍照前，並沒有注意到人臉會吐水，當時我站在前面請弟弟幫我拍照，沒想到一旁的爸爸突然大叫：「危險！」

「往前？」我滿臉問號的看著爸爸。

接著突然一陣涼爽，我的背和鞋子都濕了，哪怕在一瞬間我已經跳開，還是慢了一步。

我看到原本螢幕中的女人，突然對我吐水。

「我就在想為什麼叫人臉噴泉，我們來還沒看到噴泉，只發現地上都是濕的……原來是因為吐水時間還沒到！」我慌張的跑回爸爸、弟弟身旁。

人臉噴泉，上面會輪流播放芝加哥市民的臉，當人臉嘴形呈O字形時，就會吐出

人臉噴泉

水，十分有趣。

不知道是因為看到我被噴水，所以有了陰影還怎樣，總之之後要幫爸爸、弟弟拍照時，爸爸都一直抓著弟弟，不讓他靠近人臉二十公尺內，就是怕弟弟跟我一樣被噴濕。

「剛那畫面真的太好笑了，如果可以回放很多次就好了。」這是爸爸離開人臉噴泉時的心得。

不久，我們再次站在六十六號公路的路標前，對於從芝加哥出發的人來說，這裡是六十六號公路的起點；對於從聖塔莫尼卡出發的人來說，這裡是六十六號公路的終點。

對於爸爸來說，一趟旅程從來都不是去了哪裡，而是跟誰踏上了旅行。

「沒想到就這樣完成了這個小夢想，雖然我們開的不是六十六號公路，自駕旅行也不是全美國繞一圈，但至少我和你們一起從洛杉磯開到了舊金山、芝加哥開到了加拿大、加拿大開到了華盛頓、華盛頓又開到了紐約。」爸爸開心的看著路牌。

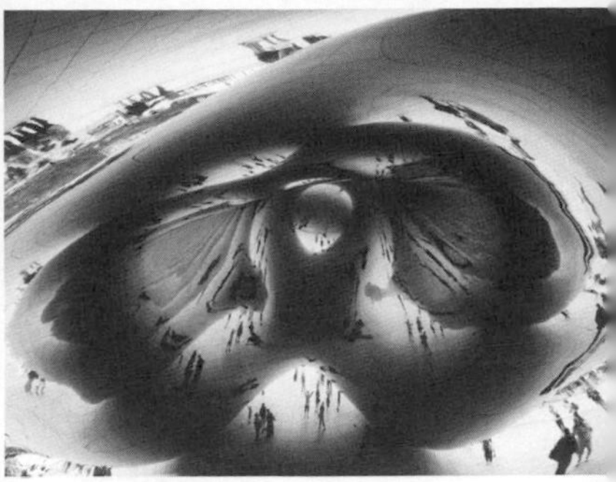

1 | 2
3 |

1 來芝加哥必拍的雲門
2 雲門光滑的表面能反射各式各樣的景物
3 芝加哥和聖塔莫尼卡為 66 號公路的起點與終點

「之後你還會有更多的夢想，那些夢想我們也會替你達成。」弟弟難得說了一句感人話。

「這裡完全大背光，只能拍牌子。」一旁的我則是試圖幫爸爸、弟弟跟路牌拍照，但完全失敗。

「拍牌子就好沒關係，爸爸看照片也會記得是跟你們來的。」爸爸一臉沒問題的對我說。

「有時候旅途的缺憾，是為了讓我們有理由再次回到這裡。」

大費周折尋找失蹤的梵谷

前往芝加哥美術館（The Art Institute of Chicago），是絕對必須的！

那裡對我來說意義不凡，因為我是梵谷的粉絲，所以在來美國前就已經想好一定要來參觀。

「真的沒有梵谷的自畫像了嗎？」我在進去拿到地圖後，逼近崩潰。

「好像世界巡迴去了……」爸爸其實也挺失望的。

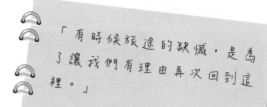

「不行！我就是為了這個才來的，我好想看……」我眼角泛著淚，突然的哽咽。

梵谷代表作《梵谷的自畫像》，可是芝加哥美術館的代表收藏，怎麼可能會不在這裡，我簡直不敢置信，這讓芝加哥美術館，瞬間就像是一顆荷包蛋，一顆少了蛋黃的荷包蛋。

「還是我們來找找？」雖然已經百分之八十確定沒有這幅畫了，但爸爸還是提議。

「好！」我不死心的對爸爸點頭，於是我們三個人，在美術館裡快速的行走著，大約有一小時左右，都在找那幅畫，直到我們看到了梵谷的另一幅名畫《在亞爾的臥室》，才完全死心。

「沒關係的女兒！下次帶姊姊來芝加哥，再帶你來看《梵谷的自畫像》。」爸爸掛保證的跟我說。

「沒關係！看到《在亞爾的臥室》已經讓我很開心了，我小時候還有模仿過呢！只可惜《星空》不在這裡，之後如果有機會環遊世界，我一定要把這些名畫都看過一遍。」

「到時候環遊世界，可別忘了帶上老爸和老媽！」爸爸特別叮嚀。

「那當然！」

「慕盈，你可別忘了慕潘、慕祺，咱們可都是慕字輩的。」弟弟強調。

「什麼慕字輩，你新創的詞喔？哈哈哈！」

「都叫李慕什麼的，本來就該團結……」

本來預計在這待兩小時，卻為了找《梵谷的自畫像》花了將近一小時的時間，眼看過一小時，美術館就要關門了，我和爸爸、弟弟，快速的瀏覽畫作。

途中，我總是來回在梵谷的《在亞爾的臥室》還有喬治・修拉的代表作《大傑特島的周日下午》之間，這兩幅畫作，實在是太令人震撼了，尤其是《大傑特島的周日下午》，真不愧是花了整整兩年才完成的作品，讓人看得目不轉睛，我原本以為它屬於小幅畫作，沒想到卻是《梵谷的自畫像》十倍的大小，實在太大了！

在離開美術館前，爸爸對我說：

「有時候的不完美，是為了讓你踏上下個旅程時，還惦記著這份缺憾，有天才有重新回到這裡的理由。」

來到芝加哥，一定要來看看這裡的建築，尤其是川普大樓這一區，有許多知名建築設計師，都曾在這裡建造代表作，若是有時間還可以搭船巡禮，在注入密西根湖岸的芝加哥河上，可以瀏覽許多世界知名建築。

在街道上可以看到許多小型建築模型，上面的圖騰顏色都是由不同藝術家所設計的。

到了這裡肯定要品嘗深盤披薩，看起來超級厚，原以為是厚皮，但其實是滿滿的料堆高高，皮更是脆的。

晚餐我們在 Labriola Chicago 用餐，這家最特別的除了深盤披薩，就是比平常大小大四倍的巨人肉丸，這裡的大分量美食讓我們決定要到附近走走，這樣才能買熱狗當宵夜。

沒想到一出來就是大量的喇叭聲、吼叫聲，還有很多警笛聲。

「怎麼回事啊？」弟弟好奇的跑到路邊，不久便被爸爸拉回來：「別靠過去，好像是抗議遊行。」

許多墨西哥人高舉國旗，甚至有不少美國人也加入行列，這樣的抗議活動跟我們一般遇到的不同，他們的抗議方式是開車狂按喇叭，並高舉墨西哥國旗，以及關於反對移民政策的立牌。

很快的，街道上的許多路都被堵住，很多車子都因此塞車、動彈不得。

「天啊……這下子等下開車，應該很難出去了。」爸爸無奈：「不過正好讓你們看看民主的力量，美國真的很民主，你看看旁邊的警察，他們都用警告的方式跟那些人說不能這樣，並拜託他們離開。」

如果是其它國家，肯定連警告都不會，就會直接逮捕了。

被堵在道路上的車子駕駛，好像都習以為常，有人打開窗戶說加油，還有人直接在車上看起影片。

走在街道上的人們，也完全不慌張，繼續做自己的事，甚至在車子停在路邊時，還向前擊掌聊天，這樣的畫面真的讓我很意外。

最後我們決定開車前往 Portillo's Hot Dogs，芝加哥最有名的除了披薩就是熱狗堡了，這裡的熱狗堡跟其它地區不一樣，有超級多種口味，就連麵包都有很多種選擇。

就算我說沒關係，但爸爸還是堅持要帶我去，哪怕是堵車、塞車。

「我在這樣的情況下帶妳去吃熱狗堡，妳一定會記得一輩子。」爸爸一邊開車

1 梵谷的《在亞爾的臥室》
2 有爸爸滿滿的愛的熱狗堡
3 墨西哥突擊示威遊行

一邊說。

「就算我們其實吃不下，想要三個人一起分一份也一樣。」弟弟附和。

為了讓這段記憶深深烙印在心裡，爸爸做了平常不會做的決定，即使知道五分鐘車距會塞車三十分鐘才到他也要去；即使知道吃不下熱狗堡，也堅持要買一份讓三個人一起品嚐、分享。

一件事情可以有好的發展或是壞的，永遠都是取決於你怎麼做而已。

迷人的汽車工業中心——底特律

1956 Pontiac
Wagon

「收藏的不僅是物品，而是無法取代的快樂。」

爸爸是古董車收藏魔人

一早就離開芝加哥，將油加滿後便開上九十四號公路，前往位在卡拉馬祖的吉爾摩汽車博物館（Gilmore Car Museum），我們今天的目的地是抵達底特律，因為後天就要前往尼加拉瀑布，沿途想要找在密西根大學讀書的堂妹一起吃晚餐，由於我們從芝加哥出發，所以一整天的行程其實是非常緊湊的。

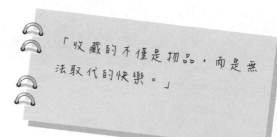

汽車博物館是我和弟弟特別安排給爸爸的行程，因為爸爸很喜歡蒐集古董車的模型，家裡甚至還有展示櫃，爸爸說買不起車子沒關係，買得了模型他每天擺在家裡也很開心。

所以對於這次我們帶他來這裡，他已經足足期待好幾天了，從他在行程表看到這個行程開始，幾乎每天都把古董車掛在嘴邊，當我們抵達後爸爸就頭也不回的衝進博物館內，足足待上三小時，跟我們原本講好的一小時可說是天差地遠，讓他再次踏出這裡的理由，並不是他的良心，而是已到營業結束的時間，剛好當時卡拉馬祖因為是淡季，所以提早關門。

吉爾摩汽車博物館收藏了密西根州最多的經典老爺車，在佔地九十英畝的十多個老式建築中，展出了三百多台一八九〇至一九六〇年代的古董車、老爺車、跑車、敞篷車，一進入就會看到一排又一排的展示，每台車都很有魅力，各種顏色的都有，就連我都看上好幾台拍照，爸爸則是跟每台車都拍了照片，拍的數量比前面幾天加起來的都還要多。

光是逛博物館就花了兩小時，原本以為挑個紀念品只需要十分鐘，沒想到爸爸待了足足

每輛車都是古董

爸爸除了拍車還愛拍我們

1｜2
 ｜3

1 汽車引擎
2 對車著迷的爸爸
3 興奮到模糊的弟弟

一小時，在我和弟弟說可以挑一台模型車後，爸爸在櫃前猶豫很久，我都已經將在這裡買的明信片通通寫完了，爸爸還在請櫃姊再拿兩台車出來，給他看看，最後終於挑了一台大的藍色敞篷車，還有我們多附贈的一台小的黃色老爺車——為了再請我們多買這台小型黃色老爺車時，爸爸還跟我們撒嬌。

「好難得會看到這麼經典的老爺車耶！」爸爸每隔一分鐘就說一次。

「黃色的老爺車比較少見，大部分都是紅色、黑色的，可能當初那年代黃色是給女孩子開的。」過不久爸爸就會接這一句。

「藍色敞篷車，帶點古董車的感覺，這是我最喜歡的……還是你們覺得另一台紅色老舊福特比較好？」爸爸說。

「還是這台比較小的黃色老爺車？但你們都要送我了只挑小的好可惜呀！」

直到後來我跟弟弟討論，決定改買兩台車給爸爸後，爸爸露出超級快樂的表情，一邊燦笑一邊跟櫃姊說我們多麼孝順，一邊又請櫃姊將紅色老舊福特車、小台黃色老爺車拿到前面，他再仔細看一次，直到最後的最後才選好黃色老爺車、藍色敞篷車，才滿意離去。

不過離去後五小時，爸爸突然驚覺自己其實可以刷卡買下所有模型車，為了這個爸爸足足傷心三天，讓我和弟弟非常心疼，因為當初我們也沒想到他其實可以自己刷卡。

父母其實都曾當過孩子，他們也會為小事鬧彆扭、鑽牛角尖，而做子女的必須擔起責任，就像小時候他們照顧我們一樣，哄一哄、逗一逗、寵一寵，接著就能看到他們展開笑顏。

我們回台灣後，姊姊也特別帶爸爸去模型車專賣店看看，又再買了一台車給他當禮物，讓他感動了好幾天。

「所有的心思細膩，都來自關心、體貼，世上沒有完美的人，只有替人著想、帶來溫暖的人。」

心思細膩的貼心堂妹

從卡拉馬祖開到安娜堡大約近兩小時的路程，原本我們在卡拉馬祖還有其它行程，但因為爸爸逛太久所以只好放棄，不過對於這點我和弟弟完全心甘情願，因為爸爸開心最重要。

我們直到抵達安娜堡後才想起，一整天下來我們都沒吃東西。這次來安娜堡的最大目的，就是想見堂妹一面，我們已經好久沒有見面，而她目前在這裡讀大學，因為肚子餓的關係，我們決定帶堂妹一起到附近吃頓晚餐。

堂妹的名字叫做 Verity，跟她爸爸一樣都是密西根大學的學生，所以當爸爸遇到 Verity 時，就問她當爸爸學妹的感覺如何，Verity 則說她爸爸每次一來學校就跟她聊很多大學往事，比她都還要了解這間大學。

一路上我心情超好，看到堂妹就覺得很快樂，也很捨不得晚上就要和她分開。記得上次看到她的時候頭髮還很短，沒想到現在留了一頭長髮，非常漂亮也很適合她。

我們小時候是一起長大的，雖然當時堂妹年紀還小，但是後來回台灣時，都有跟我聊聊，每次見到她我就感覺她越來越成熟，也知道她是屬於那種特別會察言觀色的人，她總是在你發現自己憂鬱前，就會先問你怎麼了，對身邊的人都有滿滿的關心，總是替別人着想。

「我帶你們去吃一家我和我朋友都很喜歡吃的韓式料理餐廳。」Verity 的媽媽是中文老師，所以他們一家的中文都很不錯，我和弟弟一開始是用簡單的英文跟 Verity 溝通，沒想到根本不需要，她的中文程度真的非常好，而且每次見面都會更進步，全家都是語言天才。

從密西根大學到市中心需要開車開一小段距離，所以 Verity 就問爸爸能不能由她開車載我們去，這讓爸爸、弟弟和我都嚇了一跳，才發現她真的長大了，不僅讀了大學還會開車。

和堂妹在安娜堡一起用餐

Verity 帶我們來的餐廳，位於安娜堡市中心，叫做 Tomokun Korean BBQ，Verity 説她跟朋友們慶生，都會來這裡吃飯。

這家店的小菜真的非常多，肉堆得很高像座小山，分量多到我們吃不完；為了讓 Verity 回去還可以熱來吃，弟弟把所有剩下的肉，都細心的烤好給她，所有人都一起幫忙裝進紙盒裡，就希望堂妹之後還能多吃幾頓。

「叔叔我來結帳就好！」Verity 看到爸爸要拿信用卡付錢，立刻阻止他：「我這裡有錢，想請你們吃飯。」Verity 努力的表現她的決心，讓我和弟弟深深感動，不過爸爸也同樣堅持，因為難得來這裡看堂妹，身為長輩的爸爸，想要請她吃好吃的東西。

最後還是由爸爸付錢，不過 Verity 堅持要請我們吃冰淇淋，她說她要帶我們去吃的冰淇淋是安娜堡最有名的。

Blank Slate Creamery 是家大排長龍的冰淇淋店，甜筒的餅乾是現烤的，一打開門就能聞到烤餅乾的味道。冰淇淋口味有超級多種，大概每天二十多種口味，分為最新推出、當日限定、創意口味。

爸爸點了創意口味九層塔，我則是餅乾、我的堂妹 Verity 則點了櫻桃口味，

堂妹 Verity 最愛的冰淇淋

每種口味都很滑順、味道超濃，尤其餅乾跟九層塔口味，奶香味都還挺重的。

這家店的座位區也很有特色，桌上會擺滿粉筆、桌子本身就是一塊又一塊的黑板，我和 Verity 一邊吃冰淇淋一邊在上面畫畫。

吃完冰淇淋後，Verity 帶我們去市區內簡單逛逛，不過因為我們還要前往底特律，所以將堂妹送回學校後，就和她道別，約好下次在台灣碰面。

底特律的治安並不是很好，尤其是晚上，所以當我們抵達後就直接入住飯店，原本隔天一早要前往亨利．福特博物館，但在和爸爸、叔叔商量後，決定從尼加拉瀑布經過水牛城，先去一趟賓州後再前往華盛頓，因此早上前往位在底特律東區的海德堡計畫（The Heidelberg Project）後，就開往尼加拉瀑布。

「啊！不行！真的沒辦法……我沒有內褲了，明天早上要去趟洗衣店嗎？」爸爸其實只帶了三天分的衣服，前幾天就有手洗過一次了，但總覺得沒有洗得很乾淨，很想用洗衣機再重新清理一次。

「可以呀！我跟姊姊的衣服也順便一起洗。」弟弟同意，並提醒爸爸早點睡覺。

隔天一早，我們便前往附近的洗衣店，這邊的洗衣店很神奇，有很多台復古遊戲機，像是俄羅斯方塊、小精靈、彈珠台、Zaxxon 太空侵略者射擊遊戲、QIX 益智街機遊戲、瑪利歐等都可以在這裡玩到，在一邊等衣服的同時，我和弟弟一邊玩遊戲，就連爸爸都玩了一場賽車遊戲。

將衣服洗完後，我們前往海德堡計畫，這裡是許多鬼片導演一生必造訪的地方，許多被丟棄的物品經過藝術家的改造、放置變成街頭上的裝置藝術。

居民不要的娃娃、襪子、鞋子、家具甚至是破車、老舊行李箱，都被堆疊在一起，看起來很像是電影中才會出現的場景，爸爸一看到後就整個毛骨悚然，下意識的不希望我們在這待太久，吩咐我和弟弟五分鐘內拍完照就要上車，還叫我們兩個千萬不要分開走，雖然現在是大白天。

「兒子，等下姊姊拍照可能會亂跑，你一定要跟著她，然後五分鐘後一定要上車。」爸爸在我們下車時，特別又叮嚀弟弟一次。

因為附近沒有停車位，同時爸爸也擔心車上的東西會被偷走，因此自願留在

海德堡街社區藝術計畫將廢棄物品再利用，成為必訪景點

車上，哪怕弟弟說他留在車上就好，爸爸也堅持不用。

爸爸瘋狂的和我們強調，因為他看著這些東西會覺得毛毛的，所以想要留在車上，但其實我和弟弟都知道，他只是不想要我們錯過這個景點，因為他覺得這裡很特別，我們必須下車感受這裡獨特的藝術氛圍。

父母總是把最好的留給孩子，哪怕孩子的碗裡有數不盡的山珍海味，也會把手上唯一的那隻雞腿遞到孩子碗中。

就像現在爸爸假裝自己不想下車，其實只是為了讓我和弟弟放心去拍照一樣。其實在底特律只要不是晚上，白天都很安全，不過貧富差距很大，在不是市中心的地方就屬貧民窟，而每當晚上就會有一些小流氓在路上攔車要過路費。

也因為如此，我們在昨天晚上抵達後，才會選擇直接進飯店不出門。

「天啊！真的挺毛的，這裡的破娃娃還沒有眼睛。」這裡有很多的娃娃，有些故意放在家具上，有些則是丟在地上堆成一堆，甚至有的沒有頭、有的沒有手腳，我深深覺得這些藝術家肯定平常熱愛看鬼片，不然才不會做這樣的設計。

「欸！妳小心一點不要往屋子那邊走。」當我要繼續往前時，弟弟趕緊抓住我的包包：「妳看，那邊有一個人拿著玩具電話，一直走來走去。」

仔細一看，才發現有一位老人家，一直拿著電話在大聲說話，感覺就像是有精神疾病的人，因為我和弟弟仔細看了看，發現他身邊根本沒有人，而且手中的電話是沒辦法插電的玩具電話。

「天啊！我原本來這裡就要拍那間房子的，我正式宣告放棄，走吧！我們回車上好了……」我們敢肯定那個人絕對不是演員，而且感覺他這幾天都住在那棟由藝術家特別設計的小木屋裡，很明顯他很多天沒洗澡。

「妳要拍我也不敢幫妳拍，感覺我按下快門的那一刻，相機就會被他砸爛。」弟弟說完，便帶著我往車上的方向走，車內的爸爸對我們用力揮了揮手，像是叫我們走另一個方向，可惜當時我們並沒有領悟他的意思。

「喔天啊！」雖然我一邊走，但還是沿路拍旁邊的裝置藝術品，當我拍到一個都是椅子區域的地方時，並沒有注意到一位黑人坐在椅子上，應該是說因為他感覺根本沒有在呼吸，所以我以為他是一個假人，直到他突然睜眼，張開那白白、大大漂亮的眼睛。

「天啊！我沒注意這裡有人。」我嚇了一跳，並嚇到跳起來，當下我覺得這樣非常沒有禮貌，便立刻向他道歉，身體不知道怎麼了瞬間全身僵硬，接著我和他快速的點點頭打招呼，他也非常友善的向我們點頭：「希望你們在這裡玩得愉快。」他很友善的對著我們說。

我們立刻謝謝他的祝福，接著弟弟拉著我繼續往車子走，沿途表情嚴肅，一直叮嚀跟好他，躲在他後面不要走在前面，好不容易我們才和爸爸會合並離開那裡。

雖然不知道那個有著漂亮眼睛的黑人，為什麼要獨自坐在那張椅子上，但我敢肯定他絕對不是壞人。

錯就錯在我太膽小，被屋子前的老爺爺、沒有眼睛的破娃娃嚇到，導致全身緊繃，甚至開始覺得毛毛的，一時沒發現坐在椅子上的人是真人。

不過也因為這趟意外的旅程，讓我感受到弟弟對我滿滿的愛，小時候弟弟都會躲在我身後，讓我幫他教訓那些欺負他的人；沒想到現在恰恰相反，都是他走在前頭，保護我。

小時候總是說想跟我當朋友的小天使，也長大了！雖然欠扁大過於可愛，但還是讓人很欣慰呢！

許多鬼片導演會以海德堡計畫為發想藍本

堆滿娃娃的廢棄車

一秒跨國界——美加邊境

「走的步伐雖小，但總有一天會走完；美國和加拿大也只不過隔著一座橋而已。」

尼加拉瀑布雙彩虹

加拿大算是爸爸和媽媽第一次一起去旅行、約會的地方，而尼加拉瀑布位於美國與加拿大之間，是美國、加拿大共同擁有的。

從加拿大看尼加拉瀑布會比較壯觀、漂亮，因此兩國中間建了一座長橋，方便美國人能到加拿大那邊欣賞尼加拉瀑布中最大，且有著馬蹄外型的馬蹄瀑布，同時也因馬蹄瀑布、美國瀑布皆面向加拿大，所以許多加拿大人也會特別到美國去看瀑布的上游。

兩國都有不同的港口，讓遊客可以搭船至尼加拉瀑布下方，感受奔騰傾洩、氣勢磅礡的大量水氣。

尼加拉瀑布（Niagara Falls）同時也是公認世界必去十大景點之一，與伊瓜蘇瀑布、維多利亞瀑布並稱為世界三大跨國瀑布，曾列為世界七大奇景。

「小時候有帶你們去加拿大，帶你們到多倫多旅行，那時候的記憶你們還有嗎？」坐在副駕駛座的爸爸，顯然心情超好。

「有一點印象，記得有看到白色老虎，還有坐在大草皮上，跟老奶奶一起把花做成手環。」我點點頭表示有印象。

「我沒辦法認真聽你們說話，我現在正在跨越美國到加拿大，歷史性的一刻啊！」弟弟一邊開車，一邊將窗戶放下來：「有感覺到嗎？不同國家的空氣！」

「我只聞到屁味。」爸爸默默的皺眉，我則是驚恐的看向弟弟。

「不是我，都是誤會！肯定是外面太臭了。」弟弟一邊大笑一邊關窗戶，看來已經知道兇手是誰了。

一過橋，手機就傳訊息告訴我，我現在已經不在美國領土內。

「天啊！這樣我們是不是沒網路了？」我立刻看了看手機，好在還有一半的訊號。

「看來應該可以撐一下。」弟弟點點頭。

加拿大把尼加拉瀑布周圍設置得跟拉斯維加斯一樣熱鬧，差別就只在不能賭博而已，看起來整個區域都像嘉年華會一樣，每家商店都在閃閃發光，招牌一個比一

穿雨衣做好萬全防水準備

瀑布前合照

個大，布置得都很浮誇，有一條路甚至有兩間鬼屋，還有很多遊樂設施，就連滾石餐廳（Hard Rock Café）、熱帶雨林餐廳（Rainforest Café）都進駐。

我們住的這間旅館是以前爸爸和叔叔來這時住過的，我們快速的放下行李後，沿著瀑布前往 Journey Behind the Falls，來這裡不僅可以進入山洞，還能從尼加拉瀑布下觀賞壯麗景色。

進到 Journey Behind the Falls，爸爸一路都牽著

我和弟弟的手。

就像是怕我們亂跑摔倒一樣，在他眼裡我們終究只是孩子。

「聽瀑布的聲音，會讓我很想上廁所！」弟弟說：「我們是不是快走到了？聲音超近的啊！」

「什麼超近，就在我們的正上方。」爸爸一說完我們就走出洞口，我立刻將相機收起來，明明網路上都有說最好是帶防水相機，但我還是不怕死的帶了一般相機過來，用衣服包著相機包，好像這樣水氣就不會進到裡面一樣。

「這種感覺超爽！」爸爸開心的說：「原本今天我應該是在跟別人開會的，沒想到現在在這裡悠閒看瀑布。」

「我倒是一直覺得很想上廁所，我之後去搭船會記得先上廁所的……這聲音真的是……」弟弟一邊拿著手機拍照，一邊在那邊跳啊跳。

「我算是見識到這裡的水氣了，就算我快速拍完照，把相機放進相機包，還是會有水蒸氣在我的鏡頭上。」身為沒學過攝影的孩子，對於這種突發狀況根本不知道怎麼處理。

「誰叫妳不怕死，一直說放在相機包裡就會沒事。」弟弟狂笑：「明天記得搭船就別嘗試了啊！」

「大家都說搭船手機要用防水袋，但我的手機防水欸，我是不是可以直接帶也沒差？」

「女兒啊！妳說的那台手機是我的舊手機嗎？」爸爸不停整理身上的雨衣，只要是有關尼加拉瀑布的設施，都會附贈雨衣給遊客。

「對啊！」我得意的說。

「那台不防水啊？」爸爸困惑。

「啊！」我內心不知道罵了多少髒話。

我們出來後來到紀念品店，這裡因為是加拿大的土地，所以有賣加拿大最引以為傲的楓糖，還有各式各樣的紀念品，我在這裡買了磁鐵、明信片，弟弟則是買了楓糖。

之後我們就前往觀瀑塔吃晚餐。

有時候浪漫，並不局限於情侶、愛人，其實家人之間，也可以很浪漫。

觀瀑塔（Skylon Tower）算是尼加拉瀑布的地標，高達七百七十五英尺，大約兩百三十六公尺，這次我和弟弟決定帶爸爸來這裡用餐，原本預計要去旋轉餐廳Revolving Dining Room，一家每小時會旋轉三百六十度觀賞美景的餐廳，但後來因為客滿，所以被安排到Summit Suite Buffet，同樣位於觀瀑塔內，不過不同於旋轉餐廳點餐式餐點，這家吃的是自助餐。

「我之前也和你們叔叔帶奶奶來過這裡！不過那時我們是去吃旋轉餐廳，真的很懷念。」

「我想你們那時候位子肯定也比我們好。」弟弟對於被分配到不是窗邊位子，感到有點不開心。

「位子沒什麼啦！爸爸覺得能跟你們在這裡就很開心了，等下要去拍照，再去窗邊拍就好。」這句話是對著正在感慨人生的我說的。

「爸爸都沒帶什麼女孩子來過嗎？」我懷疑的看向爸爸。

「沒有啊！我沒帶什麼女孩來過，不過我帶了我生命中最重要的女人來過。」

「我嗎？」我指了自己。

「對！妳也算是！」爸爸說：「剛剛就提到啦！之前跟你們叔叔帶奶奶來過，

我生命中最重要的女人除了兩個女兒、我的老婆，當然還有我的媽媽跟兩個妹妹。」

「爸爸，你這樣太貪心了。」弟弟搖頭：「只能選一個。」

「那爸爸問你，如果之後你有老婆，那你媽跟老婆還有兩個姊姊，你要選誰？」

「當然是媽媽啊！」弟弟毫不猶豫的回答：「畢竟我娶不到老婆。」

「所以爸爸剛說了，假設嘛！」爸爸大笑：「那你姊姊們呢？不重要嗎？」

「重要啊！我未來還要靠她們養，但媽媽已經先養我二十幾年了，所以媽媽最重要。」弟弟開玩笑的回答。

從觀瀑台上可以一次看到尼加拉瀑布的全貌，包含美國瀑布、跨越兩國的大橋，通通都看得到，沒有任何地方的視野比這裡還要好。

可惜因為是晚上的關係，所以會照到餐廳裡反射的燈光，我調了很久才好不容易拍到幾張完美照片。

這裡的餐點其實挺不錯的，聽說前一個月才剛調整過菜色，在那之前評論都說食物吃起來過鹹，好在我們來的時候沒有遇到這些問題，除了基本常見的餐點，這裡的甜點準備得特別豐富，就連爸爸都拿了好幾輪。

不動如山的一隻海鷗

接著瀑布開始上演燈光秀，馬蹄瀑布那邊照射了加拿大國旗的燈光、美國瀑布則有美國國旗的燈光，一閃一閃亮晶晶，象徵著兩國和平、友好關係，餐廳內的顧客都站起來鼓掌，直到燈光不再變化後，大家才又繼續開始拿餐。

吃完飯後我們到街上走走，如同前面所說這裡的商店都很浮誇，不僅有鬼屋、摩天輪、保齡球館、親子遊樂場、蠟像館、密室逃脫，居然還有賽車場、多家VR體驗館，當然還有爸爸最感興趣的酒吧。

這天晚上無論是玩賽車還是去酒吧，爸爸都堅持由他付錢，因為他說來到這裡就是要好好享受。

爸爸說，在這次的旅行裡，除了我們全家一起合資出旅費讓他格外感動之外，最讓他開心的是，長達整整一個月的時間，每天都和我們一起度過。

平常察覺不到的幸福，才是最為珍貴的。

第二天一早，我們上演了一場你追我跑的戲碼。

我們原本一早要搭 Hornb ower Niagara Cruise 渡輪，感受尼加拉瀑布水勢滂沱、氣勢凌人的壯觀美景，結果直到搭船前一刻，才發現弟弟訂錯了票，訂成由美國領土出發的 Maid of the Mist 渡輪。

兩艘渡輪的差別其實只是一個在加拿大領土上船，另一個在美國，而無論從哪個領土上船，都可以看到馬蹄瀑布，也就是被列為世界七大奇景之一的尼加拉瀑布。

為了看到尼加拉瀑布及雙彩虹，我們在知道訂錯船時，立刻就開車過橋、過海關到美國境內搭船，不過更慘的在後頭……

「為什麼不行？」到了搭船處，我們又被攔了下來，經過站票員的解釋，手機條碼只能證明我們有事先預約，但不能算是票，我們必須把預約條碼印出來才行。

「現在要怎麼找地方印出來？」到了國外就變生活白癡的我非常苦惱。

「附近應該有圖書館可以印。」弟弟緊張的說：「或是便利商店之類的？」

「我來查看看。」我慌張地拿起手機看有沒有便利商店。

「美國的便利商店可以影印嗎？」爸爸懷疑：「我不知道現在有沒有，可能可以？」

「為了保險起見我找了圖書館，走吧！開車大概七分鐘左右。」弟弟身為我們的行動導航，再次成功上線。

我們快速抵達圖書館，弟弟也很順利的在圖書館管理員的協助下成功影印。

最後我們成功的搭上 Maid of the Mist，也就是從美國領土出發，前往美國瀑布、馬蹄瀑布的渡輪，而這裡跟 Journey Behind the Falls 一樣，都會給大家免費雨衣。

「這真的太好玩啦！」才剛開始出航，我們就感受到強大的水氣，聲音非常響亮、氣勢十足，不同於加拿大那邊的船，從美國這裡出發的好處是可以近距離看到美國瀑布，等於說是近距離看兩個瀑布。

光是美國瀑布就夠讓大家覺得震撼了，我們還可以清楚看到很多道彩虹，因為水氣非常大，所以就算彩虹時間短暫、馬上消失，也還是能同時看到好幾道，這讓我和弟弟忍不住尖叫，因為在我們的認知裡，彩虹是只能一次出現一道的，直到我們來到這裡，才發現同時出現好幾道根本不是問題。

「超級漂亮！」我抓著爸爸大吼。

「蛤？」因為水聲太大，爸爸沒辦法很清楚的聽到我說什麼。

「我說很漂亮！」我繼續大吼。

「什麼？妳很漂亮？」爸爸困惑。

「我說……算了！」我決定之後再跟爸爸好好詳談。

「妳吃蒜了？」爸爸驚訝，並拍拍一旁的弟弟。

「蛤？」弟弟問號。

「你姊姊剛剛吃蒜了？」爸爸問弟弟。

「蛤？我姊姊剛說算了？」弟弟困惑。

「這樣也行？你怎麼知道我剛說什麼？」弟弟真不愧跟我是雙胞胎，就算爸爸講成錯的，他都還可以聽回對的。

「什麼？所以妳剛剛要說什麼？」弟弟再次問我。

「我說這裡很漂亮！」我大喊。

「妳很漂亮？」弟弟再次詢問。

「……」我決定丟下滿臉問號的弟弟、爸爸去拍瀑布，就算我這台手機可能真的不防水。

越靠近水，風就越大；風越是大，水就越大。

船上的遊客們都一隻手拿著防水相機、手機，一隻手緊抓著欄杆，大家的頭髮都濕了。但當看到美景時，所有人都屹立不搖、努力不懈，死命抓著欄杆繼續拍照，每個人都意志堅定、眼神專注。

大家都一副洗出那些照片，可以賣很多錢的模樣。

一下錄影一下拍照，就連爸爸也拿起手機狂拍，後來弟弟問爸爸為什麼都來過很多次了，還要拍照。

爸爸說那是不一樣的感覺，跟每個人來都會有不同的感受，拍出的照片也會有所不同。

每個人都有記錄生活的方式，有人寫日記、做小冊子；有人則是將所有行程寫在表格裡做記錄；有人用雙眼記憶，記錄所有的一切；有人則是按下快門拍下眼中美景，最後再慢慢回味。

無論是哪種方式，只要能記住心中的美好，就是最棒的。

等到下船後，我和爸爸、弟弟順著一旁的步道走上去，沒想到沒搭上Hornblower Niagara Cruises，也能有很多意外的驚喜，像是多看了美國瀑布，還有能在下船後，走到一旁的小步道窺探美

彩虹變成弟弟的尿

感受到大自然的力量

國瀑布的側面。

我們在走步道前，就看了很漂亮的雙彩虹，我趕緊拿出手機站在爸爸旁邊狂拍照，正當爸爸要換個角度拍照時，弟弟突然衝進我們的畫面裡，擺出尿尿的姿勢……

頓時彩虹像是他尿出的尿，美意全失。

緊接著我們走向步道，就算我穿著球鞋，我還是勇敢向前拍照。

不過幾秒鐘的時間，我不僅鞋子全濕、就連剛剛好不容易沒濕透的褲子也全濕了。

走往停車場的路上，我將我的襪子脫下來，拿在手上狼狽地走著，正要搭船的遊客們都眼睛瞪大的看著我，害怕的提醒自己的孩子們先把襪子收起來，不然等下會跟我一樣全都濕掉。

我真的很想解釋點什麼，但又不知道怎麼解釋，只好默默跟在爸爸後頭，盡可能擠乾頭髮的水、扭乾衣服和襪子的水，慘兮兮的上車。

濕透的襪子

從美國境內可看到瀑布上游處

但往好處想：人生總是會有很多狼狽的瞬間，你必須接納它甚至感謝它，因為是它讓你的生活更加豐富、有趣。

雞翅的發源地——水牛城

「距離不會拉遠我們，因為有了距離才更加珍惜。」

美味的水牛城雞翅

在來美國之前就知道水牛城的雞翅超級好吃，原本要去華盛頓再到波士頓再去紐約的我們，因為覺得一生一定要看一次叔叔在美國的家，所以在經過水牛城後非但沒到匹茲堡，還轉向開往賓州。

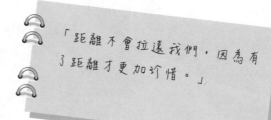

水牛城的雞翅是世界上最好吃的，也是雞翅的發源地，第一家賣雞翅的Frank & Teressa's Anchor Bar是水牛城雞翅創始店，進去店裡會看到每個人桌上都有超多雞翅，甚至還有一次點一百支的，無論賣相口感都一絕，花五小時開來享用我都願意。

Frank & Teressa's Anchor Bar裡不僅有很多車牌、路牌，甚至將重型機車都拿來當作裝飾，一進來還會看到拿著一盤雞翅的自由女神像，爸爸看到開心極了，一直不斷的拍照跟讚嘆，說之後如果有開餐廳也想這樣裝飾。

「你們雞翅可以吃多少？」爸爸問。

「要不要挑戰一百支？」弟弟開心的說：「你看那桌超猛，用那種高架的盤子，超大盤啊！」

「我們可以先外帶好六十支給叔叔、嬸嬸！」我提議。

「不好吧？帶過去都冷了反而沒什麼禮貌。」爸爸不建議這樣的做法。

「會嗎？可是我們不是吃剩，我們是一開始就打包好了，而且本來就是要讓他們之後想吃熱來吃。」

「不好，冷掉了就是不好，我們就點自己現在吃得完的吧！」爸爸接著說：「所以你們

手舉雞翅的自由女神

雞翅店門口

大概可以吃四十支嗎？」

「不確定，說不定可以吃完五十支。」弟弟說。

「你確定嗎？我看這裡的雞翅跟台灣的不一樣，看起來每一支肉都挺多的。」

「可以啦！五十支我們一定吃得完。」弟弟拍胸保證。

於是爸爸就請了服務生來點餐：「二十支雞翅、一份沙拉、一份馬鈴薯焗烤。」

「?!」弟弟震驚。

「噗哧！」我不小心直接笑出來。

很明顯的爸爸剛剛問我們要

幾支，只是純粹餐前聊聊天而已，他根本沒在聽弟弟要點什麼，不過爸爸點的馬鈴薯焗烤有驚豔到我們，這裡的吃法跟台灣的不一樣，不僅裡面塞了培根，上面還擠了一大坨的奶油，十分特別。

雞翅更不用說了，根本肉超多，還包含了雞腿，肉汁是完全鎖在裡面的，一咬就會噴汁，不需要任何沾醬就已經很美味，真不愧是創始店。

生活上的小插曲，總是會帶來意想不到的驚喜，我們需要做的只是享受每一個看似微乎其微的小片刻。

「離別總是讓我們建立的小世界崩盤，我們總以為失去了什麼，卻從未失去什麼。」

第一次拜訪叔叔的家

從水牛城開去叔叔在賓州的家大概四小時左右，一路上我和弟弟輪流開車，爸爸很快樂的跟我們分享很多他和叔叔以前在美國發生的大小事。

因為是兄弟所以可以做的事情很多，爸爸和叔叔從小一起長大，就連來美國讀書都一起，兩個人的感情好得不得了，只要叔叔回台灣，爸爸就會跟叔叔每天中午一起吃飯。

雖然不知道叔叔在堂哥、堂妹們眼中是不是嚴父，但我們雙胞胎對叔叔的印象就是很溫和，講話很溫和、笑起來也很溫和，就連吃飯看起來也很溫和，偶爾講話也很幽默。

嬸嬸對孩子們的教育屬美式教育，該玩就要瘋狂玩、該認真就該好好學習，因為嬸嬸是中文老師的關係，所以將三個孩子的中文都教得很好，小時候很常跟叔叔一起帶著我和弟弟、姊姊一起玩。

他們家總共有三個小孩，最大的堂哥 Justice 目前在佛羅里達可口可樂公司附近上班，在他們離開美國後，我們有段時間會用信箱通信，因為我英文很爛所以可以感覺出堂哥在看我的信時，肯定非常辛苦，那時我們都說想要當小說家，我在努力慢慢完成中，而他現在已經找到一份會讓他很快樂的工作，是一位很厲害的工程師，我很替他開心，他永遠都是我的驕傲。

Amata 則是從小跟我感情最要好的堂妹，我記得我們小時候做什麼總是在一起，她非常聰明，聰明到在求學階段時一直跳級，明明比我們小兩歲，卻早我們雙胞胎一年畢業。之前在紐約的一家動物網站公司工作，擁有超高薪的薪水，現在則是在 Hello Alfred 工作，這家新公司是由兩位哈佛高材生創辦的，未來發展肯定越來越好，我們這次去紐約就是為了和她碰面，她在紐約帶我們去好多地方，還和我們一起看了百老匯音樂劇，擁有很多美好回憶。

最小的就是 Verity，在安娜堡見面的可愛小堂妹，她在密西根大學就讀生物系、心理系，我們在安娜堡的時候她帶我們去吃飯、吃冰淇淋還有逛街，當初叔叔一家回美國時，Verity 年紀還好小，後來每次他們回台灣，我就對 Verity 更加認識，一次又一次的碰面後，我發現 Verity 是一個非常善解人意的溫暖女孩，是我最可愛的小堂妹。

在他們搬回美國前，我們每個假日都玩在一起，包含每個禮拜天基督教聚會、一個禮拜一次的家族聚餐，我所有關於小時候的記憶，通通都是跟他們去哪裡玩，去動物園、水上樂園、兒童樂園、博物館，我記得好多好多小時候的回憶。

當知道他們要搬去美國時，我晚上大哭很久，在那個時代唯一的社群軟體是即時通、無名小站、信箱，他們那時中文也沒有很好，我英文更是始終如一的沒長進，想著可能有天他們會再搬回台灣，結果這一搬就再也沒有回來了，大概每隔五年他們會回來一次，有時候也不是每個人都回來，每次他們回來我就能感受到他們的中文飛快成長。

不過也因他們中文飛快成長，形成一個很好笑的狀態，小時候我們雙胞胎還有大我們三歲的姊姊，每次跟他們三個溝通的時候，都是比手畫腳、胡言亂語，當時我們覺得真的有跟他們在同一個頻率上。

直到他們會講中文後，我們才更認識他們，才知道小時候其實根本沒有所謂的

爸爸和叔叔開心暢聊

相同頻率，雙方都不知道對方在講什麼，超級可愛。

「到了！超級大！」弟弟驚呼：「美國果然都是一棟一棟的房子。」

我們抵達時，已經是晚上了，叔叔開心的迎接我們，他們不僅有自己的車庫，甚至車庫前還有為堂哥架設的籃球架。

嬸嬸也穿著睡衣前來迎接，給我們大大的擁抱。

嬸嬸和叔叔簡單的介紹家裡後，就帶我和弟弟去今晚要睡覺的房間，是 Amata 和 Verity 的房間，他們兩個共用一間浴室，就像我們在美國影集會看到的場景一樣，不知道她們兩個早上起床有沒有為了誰先用廁所而吵架，想一想都覺得可愛。

爸爸則是睡在 Justice 的房間，在我們都放好行李後，叔叔帶我們去吃晚餐，是一家叫 P.J. Whelihan's Pub + Restaurant 的運動酒吧。

除了音樂，美國也流行運動酒吧，而這間更是人潮滿滿，無論棒球籃球還是橄欖球，只要有世界盃比賽通通擠滿人潮，無論點什麼都大分量。

叔叔說嬸嬸有時候也會來，因為這裡離她教書的學校很近，學校的學生們也都會來這裡，雖然叫做酒吧，但其實還是以餐廳經營模式為主，從中午開始就有提供餐點，大家簡單點了牛肉三明治、漢堡後，就回去休息、睡覺，因為一早我們還要前往華盛頓。

隔天一早，叔叔特別載我們去吃早餐，這家叫 IHOP 的早餐店是二十四小時營業的，叔叔說在堂哥、堂妹們小時候，他就很常帶他們來吃，這裡的食物雖然簡單但種類很多。

在爸爸依依不捨和叔叔告別後，我們便踏上了華盛頓的旅程。

「看他們一家生活在這裡很幸福，我就放心了。」離去前，爸爸這麼說。

擔任爸爸伴郎的叔叔

叔叔嬸嬸與家人的合照

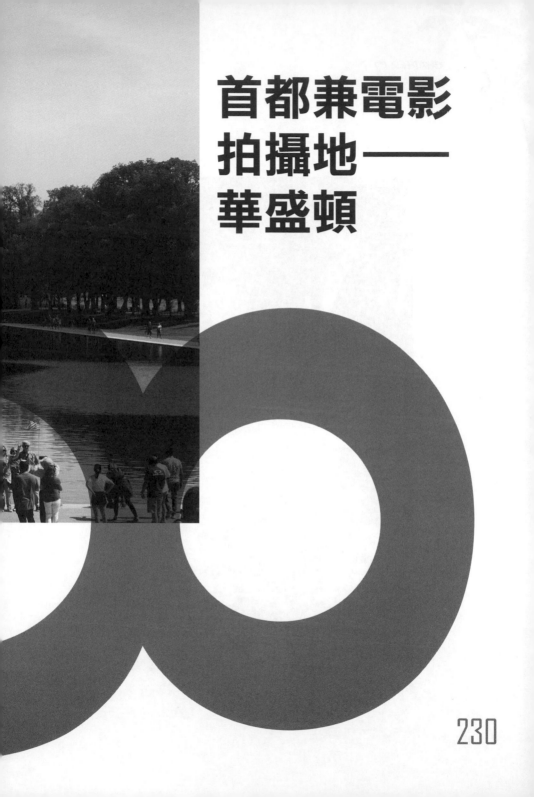

首都兼電影拍攝地——華盛頓

「當電影出現的場景出現在眼前，才發現原來片中出現的畫面，都在反射現實中的橋段。」

美國首都是世界最大拍片場

華盛頓是美國首都也是聯邦區域，我們在新聞上很常看到的美國白宮，就是在這裡，包含國會大廈、林肯紀念堂、華盛頓紀念碑。

「華盛頓對美國人來講是首都，對觀光客來講是世界上最大的片場！」在剛抵達時，爸爸就這麼對我們說。

可以說這裡不僅有電影中常出現的各個場景，更是現實世界中不可忽視的權威，處在世界政治中心的舞台。

「爸爸之前就想帶你們來看看了，你們不是喜歡看漫威英雄電影嗎？整個華盛頓之前都是拍攝地。」

「你是說《復仇者聯盟》嗎？」弟弟說：「我知道它是在這裡拍的！」

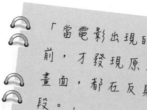

1 美國最高法院（電影《大法官》場景）
2 國會圖書館（電影《國家寶藏》場景）
3 林肯紀念堂（電影《博物館驚魂夜》場景）

「不只有《復仇者聯盟》，還有《國家寶藏》、《大法官》也都在這拍的。」我興奮的說。

「這裡拍的電影肯定上百部有！」爸爸笑著說。

華盛頓的停車位並不好找，可以說景點都是一塊一塊聚集在一起的，我們就分為華盛頓紀念碑、林肯紀念堂、越戰紀念碑是一個區域；美國國會大廈、國會圖書館、美國最高法院為第二個區域；最後第三區則是白宮、第二次世界大戰國家紀念碑；當然還有最後一個，離大家都有點距離的景點：傑佛遜紀念堂。

很多人都誤以為國會大廈是美國白宮，但實際上白宮是被圍牆圍起來的，並沒有很常開放，甚至不少示威者都會長期聚集在白宮前面，想拍上一張完整建築照，必須要有足夠的運氣，而以白宮為背景的電影更是多到數不完，包含知名影集《紙牌屋》都在這拍攝。

「跟你們講，爸爸對美國的歷史建築還是有所了解的，像是《博物館驚魂夜》裡出現的林肯紀念堂，就是一座仿古希臘巴特農神廟式的古典建築，是由大理石建造的！」從我們抵達華盛頓開始，爸爸就一直跟我們介紹這裡的建築，每到一個景點就會介紹一次。

「華盛頓紀念碑，石碑建築物的內部是中空的，想不到吧？它同時也是世界最高的石製建築！」爸爸因為講了很多話，所以喝了不少瓶水，只見他越講越興奮。

「國會圖書館，就是《國家寶藏》的拍攝地，要看到電影裡出現的場景，等下需要到裡面才能看到，可惜我們沒有預約導覽，不然就可以看得到。」受到爸爸的影響，我也開始長篇大論，每到一個地方就會查哪些電影曾在此取景，而哪個角度是電影曾出現過的拍攝角度。

「天啊！你們一直講我都昏頭了。」弟弟則是統整所有人說的話，並講出結論：「反正華盛頓一堆建築都是大理石建造，還用了很多希臘風格建築對吧？」

「你這麼講也是啦！不過其實還是有很多建築……」爸爸繼續向我們介紹，熱情絲毫不減。

父母就是這樣，想把所有知道的事都跟孩子分享；想把所有最好的都給孩子。

「你不累嗎？」弟弟看著爸爸喝下第三瓶水，忍不住大笑。

「累啊！但是我要省我們的導遊錢，這樣我後面才可以買其它紀念品啊！」爸爸開玩笑的說。

能夠珍惜當下是最幸福的事，能夠擁有家人更是種幸運，學會感恩、珍惜、擁抱，珍惜所有手中擁有的幸福，是人生最重要的課題。

「人與人之間就算再有多少相似之處，終究會走向不同的結局。」

費城的恐怖監獄

原本要直接前往紐約，但為了和表妹 Fiona 聚聚，所以在離開華盛頓後，我們特別在費城做停留。

會知道 Fiona 在費城賓夕法尼亞大學讀生物系，是因為當時在離開舊金山沒多久後，我的表妹 Leona 聯繫我，吶喊她正在舊金山柏克萊大學讀數據科學，我們怎麼沒去找她，這讓我又驚又喜，當時我就立刻轉過去和弟弟說這件事情。

「你知道 Leona、Fiona 在美國嗎？」

「不知道，她們也來玩嗎？」弟弟震驚。

「什麼來玩，她們超厲害都在這讀書，哪像我們……別提了別提了！」

「讀什麼？」

「一個讀柏克萊的數據科學、一個讀常春藤名校，就是那個賓夕法尼亞大學，聽說還是讀生物系。」

「生物系？妳記得妳之前國中讀生物，兩頁要讀四小時嗎？」

「……」當然記得，我還記得弟弟才看五分鐘就睡了，還考得比我好。

其實我們家，除了我們雙胞胎外，小孩們的成績都很好。尤其媽媽那邊可以說是醫生世家，光是未來的醫生就有好幾個，所以從小我和弟弟壓力就很大，因為我們並不擅長讀書，也沒有其他小孩聰明。所幸爸爸、媽媽並不會因為我們的成績而罵我們，而是不停地幫我們找其它出路，他們總是鼓勵我們。

他們說我們的未來也可以很棒、很厲害，只是看我們怎麼去闖。直到長大後，我們才重新建立起信心，知道就算讀書讀不好也可以做很多事，我們不需要跟別人比，因為我未來的路不見得比較差。

來到費城後隔天一早，我們就和 Fiona 碰面，Fiona 是小我四歲的表妹，她從小就長得很漂亮，有著大眼睛、精緻的五官，重點是身材一直都很好，跟她妹妹一樣腿很長。

「嘿！好久不見，沒想到能在這邊看到你們！」Fiona 約我們在一家當地很有人氣、主打大分量早午餐餐點的餐廳碰面，餐廳的店名叫 Sabrina's café，原本她想要帶我們去參觀她的學校，但早上十點她有事，她需要當面試官面試別人。

「是面試什麼？」我超好奇，和堂妹碰完面後，又與表妹見面，總覺得她們長得好快，這趟旅程很像是探親之旅，因為晚上我們還要在紐約與另一個堂妹碰面。

「大概就是系上課程之類的，你們呢？是從哪裡開車過來的，我都不知道你們來美國了！」Fiona 也很好奇為什麼我們會突然出現在美國。

「來自駕旅行，想說帶我爸來

與表妹合照

玩，然後說不定剛好能寫成一本書之類的。」

「如果妳真的出書，一定要讓我知道，我一定會買一本。」Fiona立刻興奮的說：「我覺得妳真的很厲害。」

其實才短短幾句話，我就覺得很感動，因為Fiona是一個很優秀的表妹，但她不僅認可我，還一直鼓勵我做我想做的事。

「我才覺得妳很厲害，妳跟妳妹妹都到美國來讀書了，我們卻連英文都不會。」

「哪會！我覺得每個人都很棒啊！」其實很神奇，明明只是吃頓早午餐，但是Fiona對我說的一句又一句的話語，好像解開了我多年心結。

因為小時候偶爾聽到別人在說我們雙胞胎的閒話，話題大概都是圍繞在我們的成績、學習能力上，總在說如果再這樣下去，未來我們父母會很可憐，這其實對我童年造成陰影，一直到最近才放下這段往事。

但是Fiona在這短短一小時內，讓我重新打開心房，她在這段時間裡和我們分享她的大學生活、她妹妹在舊金山讀書的趣事，也一直說如果我之後出了什麼書，她一定會支持我。

「今天真的很開心看到妳們，因為我一個人在這讀書，有時候還挺寂寞的，所以有家人偶爾來看看我，我很開心。」Fiona 因為時間上的關係，必須要提早離開，她走之前還特別跟我們介紹幾個景點，其中包含我們等下要去的東方州立監獄（Eastern State Penitentiary）。

「妳看就連 Fiona 都說妳很棒了，妳要對自己有自信點。」爸爸在 Fiona 一走後就對我說：「妳就是太缺乏自信，又想東想西，總把事情想得很糟。」

「好吧！這真的是我的缺點。」我的確很容易把事情想得很糟，我想這是我人生中的課題，我必須自己跨過這一關。

有時候人們總覺得別人在拿放大鏡檢視自己，直到最後才發現，拿起放大鏡的是自己。

「從頭到尾，都沒有人覺得妳不好，是妳一直覺得自己不夠好。」爸爸說：「而且在爸爸眼裡，妳們全都是最棒的，妳跟弟弟還有姊姊都是。」

其實我什麼都沒有說，但爸爸卻看出來我心裡在想什麼，一如往常的他總是在第一時間就安慰我。

告別 Fiona 後，我們就前往自由鐘、東方州立監獄參觀。

在排自由鐘的時候，旁邊有很多馬車，這讓我想起了爸爸和媽媽求婚的故事。在我拍照的時候，馴馬師拿了蘿蔔向我示意，問我要不要餵馬；不過當下我的腦海中立刻浮現星光大道那些拿CD強制遊客買的壞人，所以我微笑拒絕了。

沒想到馴馬師問了站在我後面，同樣拍照的一對情侶要不要餵餵看馬，情侶立刻開心道謝，餵起那批白色小馬，馴馬師也完全沒有向他們收錢，反而是站在旁邊開心笑著。

看來是我太多心了，我真的不該每次都把事情想得太糟。

比起自由鐘，我們一致認為東方州立監獄更值得參觀，那是一間建於一八二九年，建築風格為哥德式城堡的監獄。

東方州立監獄曾是規模最大、造價最高的公共建築，並成為世界上三百餘所監

恐怖監獄

獄的樣板。

因為小時候做錯事總是被威脅會被關進監獄，讓我一直有種有天會不小心犯錯關進監獄的錯覺……所以我從小就看遍各種監獄影集，就是為了讓我預備有天進入監獄時，能知道如何生存、越獄。

不！無論我怎麼想，都想不到可以成功越獄的辦法，所以還是乖一點好。我相信我絕對不會進去的。

進去東方州立監獄需要先買票，裡面很完整的保存當時的建築，每個人都可以拿耳機聽導覽，雖然只有英文導覽，但我還是毫不猶豫地拿了，畢竟還是能勉強聽懂一些。

「這裡挺陰森的，如果是晚上我不太敢來。」我緊跟在爸爸、弟弟後面，畢竟網路上說這裡有很多鬧鬼的故事，所以總覺得挺恐怖的，雖然就算被纏上我也聽不懂他們說什麼，但我還是覺得很恐怖。

「還好吧？都整理過了，而且都那麼多年了。」弟弟說。

「那你今晚住這裡，我跟姊姊自己去紐約玩。」爸爸開玩笑的說。

「別這樣，女兒重要，兒子就不重要了嗎？」弟弟委屈。

東方州立監獄是《變形金剛2》拍攝地，這裡有很多恐怖的傳言，包含不少劇組工作人員、遊客都説，這裡牢房時常發出走動、哀號、神祕怪異的噪音。而其中最恐怖的就是警戒塔常有透明影子出現，十二號牢房則經常傳出笑聲。

不管是不是網上傳言，總之它就是間曾關好幾萬人的監獄，而且光是長廊就有整整八條，現在遊客們參觀到的範圍，只有整個監獄的五分之一。

「幫我拍後面這裡，但不要拍到我。」我請弟弟用他的手機幫我拍後面的走廊。

「好……妳給我妳的手機好了，既然妳要用相機拍其它東西的話。」

「……」

「幹嘛？」弟弟問我。

「我好像找不到我的手機……」我惶恐。

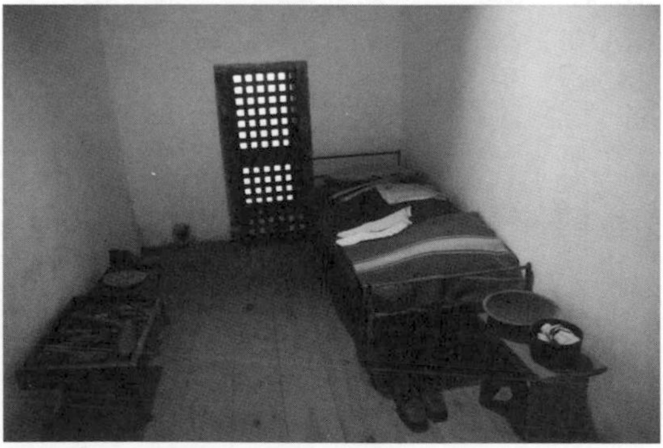

監獄房

「去找啊！是在後面那邊嗎？我懶得去，妳自己去找。」

「……好吧……」我居然把手機放在監獄某處，還完全沒有印象放在哪裡。

我一定是隨手放在磚塊或長廊椅子上，我尷尬的走到各個長廊的椅子上看有沒有手機，到卻始終都沒看到。

我不會……真的白目到放在牢房裡吧……

接著，我尷尬的一間一間探頭看，想說說不定真的放在磚塊上，在找的途中我還一度有了放棄找手機的想法，真的很恐怖，而且不知道為什麼走到後來，都沒看到什麼遊客。

終於，在最後的最後的最後，我在其中一間牢房的磚塊上，看到我的手機，在心裡罵了一串髒話，罵自己怎麼那麼笨後，趕緊加快腳步去找爸爸、弟弟。

參觀完監獄後，我們就前往紐約，路途中還逛了Philadelphia Mills。

其實東方州立監獄關的大多是量刑較輕的囚犯，不少囚犯在離開監獄後都改過向善，甚至有人從事醫生、律師等工作。

監獄不是人生終點，對於大部分的囚犯來說，是開啟人生另一條路的鑰匙，怎麼使用、運用，都掌握在自己手上。

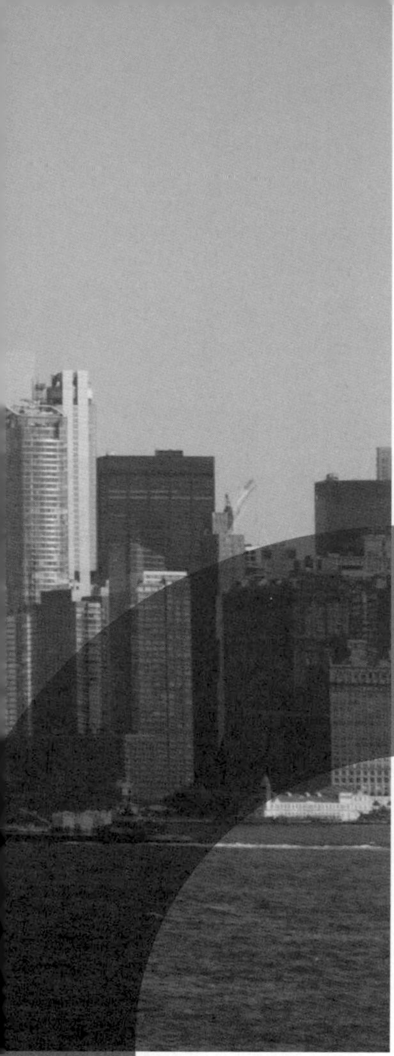

五光十色的大蘋果——紐約

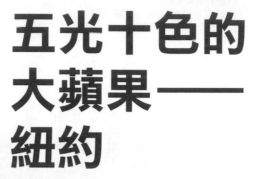

「在燈光下能耀眼奪目，後面付出的努力是無法想像的。」

心願的達成

在開車的時候，我們總會放著音樂。在美國公路上，播著音樂會讓人有種拍電影的錯覺，我們總是想學電影中的場景，打開窗戶看向窗外。

但現實永遠是殘酷的，每當此時就會有一堆沙子跑進車子裡。

有時候景點跟景點的距離很遙遠，時常會有一些路段，道路非常的寬，卻只有我們一台車在行駛。

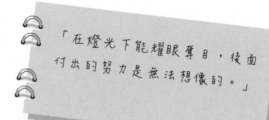

我們一路上從芝加哥經過卡拉馬祖、安娜堡、底特律、尼加拉瀑布、水牛城、賓州、華盛頓，現在終於要抵達最讓我們好奇、期待的紐約。

從小我就一直希望有天能到紐約，看一場百老匯音樂劇；因為小時候常看迪士尼影集，所以很愛唱歌跳舞，甚至幻想有天能成為一名百老匯音樂劇演員，直到我發胖並發現，比我唱歌好聽的人多於全世界人口的四分之三後，我才放棄這個夢想。

爸爸也知道我很想看一場百老匯音樂劇，所以他一直把這個心願放在心裡，想著有天一定要幫我達成。

久而久之，爸爸將這個心願，也當成了自己的小夢想，他希望有天能跟我一起看一場百老匯音樂劇。

所以在抵達美國後，就算爸爸知道我們已經訂了一場《阿拉丁》百老匯音樂劇，還是堅持要再訂第二場音樂劇，因為他想要留下帶著兒子、女兒去看音樂劇的回憶。

「我們先在附近停車，Amata 說她在路上。」我們一抵達紐約，就要和大堂妹 Amata 見面，她在紐約的一間狗狗網站公司工作，後來在我們回台灣不久後，就轉職於 Hello Alfred，她非常聰明又獨立，我們小時候常玩在一起，而她也就是 Verity 的姊姊。

我們車子剛好停在 Forbidden Planet 前面，這是一家漫畫專賣店，同時裡面也放滿了各種卡通、電影公仔，車子停好後我和弟弟忍不住衝進去看。

不僅有哈利波特、復仇者聯盟系列公仔，居然還有鬼修女、恰吉、安娜貝爾的公仔，後面還有整區的漫威系列漫畫，以及經典限量正版電影T恤。

我忍不住買了三個哈利波特的公仔，剛好結完帳時，Amata 就來了。

「好久不見，我好想你們！」Amata 非常熱情的跟我們打

百老匯音樂劇廣告

招呼：「你們有想吃什麼嗎？我知道附近有一家很有名的烏龍麵，如果有興趣的話，我現在就帶你們去，就在附近而已。」

Amata是一個很大方、活潑、有想法的女孩，跟妹妹Verity一樣，小時候留短髮，但現在留了一頭長髮，和我身高差不多，大概一五六、一五七公分。

「烏龍麵？好

呀！就麻煩 Amata 帶我們去囉！」爸爸說：「好神奇，美國也有有名的烏龍麵店。」

其實我們有想過晚餐會吃什麼，有可能是各種美式炸物、熱狗、拼盤，萬萬沒想到居然是烏龍麵，這讓我們大家都很好奇。

果真抵達時大排長龍，候位、報到後還需等待一段時間。

「可以進去了！」我們來到的是一家叫 TsuruTonTan 的餐廳。

我們後來才知道這是一家日本超知名的烏龍麵店，不僅在紐約，在夏威夷也有分店，以高級精緻的風格、食材，深受明星及大眾喜愛。

在烏龍麵上放上鮭魚卵、海膽、干貝等高級食材，湯汁更是用奶油及蝦卵製成。除了主打的烏龍麵，另外還有高達十幾種特色口味，任君選擇。

爸爸還特別點了生魚片拼盤，想請 Amata 好好吃一頓，不過 Amata 跟 Verity 真不虧是姊妹，都搶著付錢，真的非常的客氣又有禮貌。

「Amata 妳有沒有想要看的音樂劇？」爸爸邀請 Amata 一起和我們看場百老匯音樂劇：「妳後天有空和我們一起看嗎？」

「百老匯音樂劇嗎？我也很喜歡看，我這邊有些折扣可以讓我們買到便宜的票！」

「Amata 妳選一部妳想看的音樂劇好了！」Amata 肯定看過很多場音樂劇，畢竟她公司離時代廣場不遠，我怕我和弟弟選的她已經看過，所以才提議由她選擇。

「我想看《女侍情緣》，那是最新的音樂劇，是在講一群女服務生的故事。」

「好！那我們買明天的票，看完音樂劇後，再一起吃晚餐。」爸爸下定決心後，就請 Amata 幫我們線上買票，而 Amata 剛好也有些音樂劇的折扣。

「我訂好了！我訂到不錯的位置，價錢也很便宜。」Amata 將訂購完成的畫面給我們看，她非常興奮可以和我們一起看音樂劇。

她訂的票非常便宜，大約打了二、三折左右，她說是因為之前有抽到一些優惠，再加上百老匯演出前一晚的票，本來就會打折。

「多少錢？叔叔給妳！」爸爸在前幾天換了些美金，據爸爸的說法，是覺得我們身上的現金所剩不多有點恐怖，而且不是每個地方都能用信用卡支付，所以他也換了些錢帶在身上。

「叔叔沒關係，我有工作賺了不少錢，你們難得來紐約，我想招待你們。」

Amata 說了跟 Verity 一樣的話，最後同樣被爸爸阻止。

「沒關係，妳的心意叔叔已經收到了，叔叔難得來美國，也想好好照顧一下妳們，帶妳們出去玩、吃飯，所以這次就讓叔叔付錢吧！」爸爸連同票錢、吃飯錢都一併給了 Amata。

「謝謝叔叔！」Amata 很不好意思的收下，就跟她妹妹一樣非常善解人意、有禮貌，叔叔和嬸嬸真的將她們教得很好。

我們和 Amata 約好隔天下午五點半在時代廣場見面，原本爸爸想將她送回公寓，但她貼心的說她坐地鐵很快就會到，還請我們開車小心。

於是，我們這次來紐約總共會看兩場百老匯音樂劇，一場是我期待許久的《阿拉丁》，另外一場則是 Amata 一直想找機會卻沒時間看的《女侍情緣》音樂劇。

「在擁有一切前，請先記得一切是怎麼發生的。」

美國自由女神像

自由女神像帶來的意義，不僅是民主、和平、自由、獨立，更多的是與法國之間的友誼。

其實自由女神像的架構，是由法國一位建築設計師，居斯塔夫・艾菲爾所建造的，而他同時也是巴黎鐵塔的建築師。

自由女神像是法國送給美國的禮物，象徵兩國友好關係。

「好期待看到自由女神像！」在台灣時我就收集不少關於自由女神像的周邊。

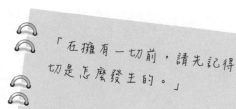

「我都不知道去看自由女神像還需要坐船。」弟弟震驚：「我以為就在市中心之類的地方。」

要前往自由女神像必須先前往砲台公園中的柯林頓碉堡（Castle Clinton）買船票，就算線上訂票，

自由女神

還是必須要到這裡換票，建議事先於網路平台訂票，會比現場買便宜很多。

「相機要先準備好，在船上可以拍到完整的自由女神像和紐約市。」爸爸在我們上船不久就提醒我。

「好！」從啟航開始，我就一直舉著相機。

在船上可以拍到完整的自由女神像，上島後反而角度沒有那麼好，我和爸爸一路都在拍照，快門按個不停，船靠近自由女神像時，連同後面的城市都可以一起拍上，包含站在自由女神像底下的人們，都顯得渺小。

「妳看，我這角度很厲害吧！」抵達後，爸爸拚命的給我看剛剛在船上拍的照片。

「很好看！」我也不忘梢讚：「早知道就讓你拿相機，你拍得真好。」

「對吧！」爸爸被我誇獎到不好意思，哈哈大笑了起來。

「在笑什麼啦？」弟弟看到爸爸在笑，也一起笑了起來。

真心露出的微笑，總能感染周圍的人。

孩子的快樂，就是父母的快樂；而父母的快樂，同時也是孩子快樂的源頭。

「自由女神像居然這麼大！」我和弟弟異口同聲的說。

「你們不知道嗎？不然你們以為是多大？」爸爸笑著問。

「大概六層樓高吧？」弟弟悍恐。

「結果萬萬沒想到大概有二十二層樓高。」我同樣震驚，雖然剛剛在船上就有先嚇到，但上島後感覺更震撼。

真心認為電影把自由女神像拍小了，如同明信片總是把自由女神像P在其它大樓中間一樣，誤導了不少人。

「有人在皇冠那邊，你們有看到嗎？」爸爸指著皇冠。

「有啊！原本我們也要買登上皇冠的票，但怕你走不動，聽說都是階梯。」弟弟說：「還是其實你願意爬？」

「如果你們想上去，我當然願意爬，不要小看爸爸的體力，爸爸運動神經其實很不錯的！」爸爸極力撇清沒有不願意爬。

我們和自由女神像拍了不少照，還逛了旁邊的博物館跟紀念品店，雖然錯過了一班船，但這對我們來說不算什麼。因為每個瞬間都有它存在的意義，每件事都有它發生的理由。

「命運掌握在手裡，但就連擲骰子的人，都沒有百分百的確信。」

從華爾街到時代廣場

還記得電影《華爾街之狼》嗎？美國華爾街是對整個美國經濟具有影響力的金融市場和金融機構中心，同時也是全球重要金融中心，不少電影都曾在這拍攝，包含最有名的《華爾街之狼》就取材自喬登．貝爾福在華爾街詐騙六十億台幣的真實故事。

「我們帶你來這裡是有意義的！」剛來華爾街，弟弟就對爸爸說。

「是希望老爸可以更努力掙錢養你們嗎？」爸爸一臉「不用說我都知道」的表情。

「是！」我爽快的回答：「來，快和我們保證可以賺大錢。」

「我賺的還不夠多嗎？老爸要退休了，換你們養我！」爸爸委屈的說。

華爾街

華爾街銅牛蛋蛋

「總之我們為你準備了一樣東西……」當弟弟正要說時，我們成功走到目的地，於是我接著說：「我們要你摸牠的蛋蛋！」

「蛤？」爸爸傻眼。

「不要懷疑，千真萬確，請用力的摸下去。」

「為什麼？我不要！我為什麼要摸牠的蛋蛋？」

眼前的雕像為華爾街銅牛，比起牛頭本身，更多人注意的……是牠的兩粒大蛋蛋。

「大家都說摸蛋蛋可以賺很多錢！」弟弟解釋。

「歪理，摸下去多難看！」爸爸堅決不要。

「為何不摸？你看女孩子都摸了！」除了我們以外，也有很多人都在排隊，大家的目的只有一個……

摸銅牛的蛋蛋！

華爾街銅牛由義大利藝術家莫迪卡創作，原本放置在紐約證券交易所前方，後被移至華爾街附近的博靈格林公園，象徵著美國金融業，許多人都說摸銅牛的蛋蛋會帶來財運，所以銅牛前面總是排滿了要摸蛋蛋的遊客。

最後的最後，我們還是成功讓爸爸摸下蛋蛋了。

「沒辦法，為了讓我兒子、女兒未來不用太辛苦，我只好犧牲小我、完成大我的摸蛋蛋。」爸爸看似無奈。

我和弟弟也共襄盛舉的摸起蛋蛋，期望未來大家都可以賺大錢，就算是假的也沒關係，畢竟……不摸白不摸。

之後我們便前往布魯克林大橋、紐約南街海港，在下午五點半時，準時抵達時代廣場，準備和堂妹碰面，一起看《女侍情緣》（WAITRESS）百老匯音樂劇。

來到紐約最期待的除了自由女神像，就非時代廣場（Times Square）莫屬了！時代廣場是美國紐約市曼哈頓的一個商業中心，在電影《曼哈頓奇緣》、《美國隊長》、《蜘蛛人》、《金剛》中都曾出現過，就連影集《慾望城市》也都以時代廣場做為背景。

沒來過這裡，可以說就等同沒來過紐約。

CHAPTER 09

五光十色的大蘋果——紐約

時代廣場並不只是一個景點，對於大部分人來說，時代廣場代表夢想，尤其是從小就嚮往進入百老匯的歌手們。

一百個人會唱歌，卻只有一個可以站上舞台，站上舞台的人除了背負自己夢想，同時也鼓舞了其他九十九人。

看著各個閃爍招牌就像人生指引的路牌，一閃一閃的彷彿所有人的人生都能活得多采多姿，每個人都在發光。

大大的螢幕播放著各品牌廣告，就連麥當勞都金光閃閃，來到這裡除了看百老匯音樂劇，必

時代廣場

去的還有三層樓高的M&M's world、Hershey's巧克力、迪士尼商店、玩具反斗城、樂高。

最推必買的商品就是M&M's world紐約限定的自由女神像公仔、迪士尼商店時代廣場限定的自由女神像米妮娃娃、星巴克時代廣場限定城市杯。

「我們需要先去換票！」Amata是我們的小導遊，不但帶我們在短時間內逛了幾間重點商店，更幫大家把票都換好，連同明天看《阿拉丁》的票要怎麼領，都細心的跟我們說。

「可以進去了，提早進去會比較好，這樣才不用排隊入場。」在Amata的引領下，我們成功進入劇場裡。

《女侍情緣》劇場設計得很特別，一進入劇場就會聞到濃濃蘋果派的味道，牆上有兩個大黑板，其中一面寫著「Down with the Recipe AND Bake from the Heart」，大概就是將食譜放下，用心去烘烤的意思。

另外一面則是畫了一個很大的派，還有防熱手套、櫻桃。

進入劇場後會看到布幕，是用線條交錯而成的，看起來就像派上的紋路，拉開幕就會看到劇中的「喬之派」餐廳裝潢。

當前奏響起時，每個人都迅速回位置上坐好，中間會有中場休息時間，讓大家上廁所。

《女侍情緣》的故事線其實很簡單，就是在說一位美國南方小鎮女服務生 Jenna 追夢的故事，她擅長做各式各樣的美味派。

在劇中常常一邊唱著 Sugar and Butter 一邊做派，時常靠著做派來驅逐內心憂愁，她有一位丈夫，每次回家都會跟她要錢，還會對她家暴，當她決定要跟丈夫離婚時，卻發現肚子裡有了小孩。

Jenna 在發現懷孕後，定期會去看婦產科，有次婦產科醫生吃了 Jenna 做的派後，就對她深深著迷，之後就上演著各種戀愛趣事，以及 Jenna 對於這場愛情的掙扎。

當然還有 Jenna 後來發現婦產科醫生其實是人夫的故事。

劇中兩個小配角也十分可愛，增添了不少趣味，讓整場音樂劇的節奏不會太沉重，反而有輕快的感覺。

劇裡除了描述愛情中的酸甜苦辣、各種心境上的轉折，當然也訴說了 Jenna 想要開家蛋糕派專賣店的夢想。

故事的結尾就是 Jenna 決定不當小三，也與家暴的丈夫離婚，雖然獨自照顧小孩卻過得很快樂，靠著自己的實力開了家人氣派店，每天都過得很快樂，有著幸福美滿的結局。

劇中一直圍繞著夢想，非常讓人省思，大概就是在説別放棄夢想，即使你還沒感覺到有成功的可能，你還是必須抓著它，並努力實踐。

我相信對於演出這部劇的演員們而言，同樣具有意義；因為這部劇就像他們追逐夢想的過程，一顆閃爍的星星在綻放光芒前，總是需要經過無數歷練。

夢想，很重要。

夢想難以捉摸，但你還是必須習慣，習慣難以感覺、掌握、了解、擁有，因為你還是需要它，有了夢想才有著落的地方。

世界上最不會背叛你的，就是努力；努力是通往夢想最近的捷徑。

「……不會吧？」我嘴巴呈O字型眼角含淚：「別跟我説是真的！為什麼我不知道這個消息……」在看完音樂劇後，我偶然從 Amata 口中得知了一個消息。

「怎麼了？」爸爸驚慌的看著我：「我們《阿拉丁》的票沒訂成功嗎？」

「不是……」我難過得說不出話。

「剛剛我們看到《哈利波特：被詛咒的孩子》音樂劇的廣告……」弟弟才剛說完，爸爸就知道發生大事了。

我們後天就要離開紐約，機票也訂好了……如果是後天下午還勉強可以安排，但恰巧碰到《哈利波特：被詛咒的孩子》休演日。

「沒關係，就當省錢，我們這次來原本也只是要看一場百老匯音樂劇。」我沮喪的說。

「《哈利波特：被詛咒的孩子》是世界巡迴演出，說不定幾年後會跑到台灣來演出，就跟《歌劇魅影》一樣，爸爸之後再帶妳去。」爸爸安慰我。

「好……謝謝爸爸。」雖然我覺得這一等可能很久都等不到，但我還是接受了。

爸爸在我難過的時候，立刻安慰我，哪怕只是一場音樂劇，我還是會像小孩子一樣沮喪、難過。

「明天就要看《阿拉丁》啦！妳不是期待很久嗎？」爸爸立刻哄我。

「對！我期待超久的，一直想跟你們看。」我回答。

孩子無論多大，終究是父母的孩子，無論是開心的難過的，父母都想陪著孩子一起度過。

在吃完晚餐後，Amata 就和我們道別，我們說好了下次還要再一起看音樂劇。

隔天晚上，我們提早兩小時就先來到時代廣場，在吃完晚餐後早早就抵達音樂劇廳入口，在工作人員打開門後，爸爸率先進入。

《阿拉丁》音樂劇的布置比起《女侍情緣》還要浮誇很多，拉丁風格的擺飾、金色的神燈，甚至舞台都好幾倍大，還有販售部賣飲料、食物，也有很多紀念品。

我們坐在很前面的位置，近到看得到演員們的汗珠，《阿拉丁》音樂劇的劇情就跟《阿拉丁》電影版一樣，比起卡通更多了點張力，像是茉莉公主獨當一面、勇敢的個性，都在這部音樂劇中展露出來，同時精靈也擬人化，不得不說演精靈的演員真的完美複製精靈的個性，只要他一出場場面就很好笑，音樂劇裡沒有阿布，雖然有點可惜，但是在整個布景轉換、變裝上，都讓看秀的人佩服得五體投地。

尤其是阿拉丁和茉莉公主，坐在魔毯上遨遊天際的那一幕，到現在那畫面都還在我腦海無限播放。

當然我最印象深刻的，就是爸爸全程牽著我的手，只要爸爸看到精采的地方，就會轉過來看我有什麼反應，非常期待我可以跟他一起做出浮誇、驚嚇的表情。

每當這個時候我就會戳他的臉表示我有看到，爸爸則會露出笑容。

在這一天，我們完成了屬於我們的夢想；我和爸爸一起牽著手看百老匯音樂劇，期間我們不斷對彼此笑著。

「那孩子自由自在，不被任何事束縛，直到走近一看，才發現是從前的自己。」

爸爸返老還童

在紐約的最後一天，爸爸依舊起了大早。

爸爸有一個習慣，每天都要起床吃早餐，而且從來不獨自一人吃早餐，因為他喜歡熱鬧的感覺。

「起床啦！」喚醒我們的，依舊是爸爸熟悉的聲音。

「好！」每當這時我就會先起床進廁所，弟弟則會假裝沒聽到繼續睡。

過不久我就會準備好，接著就是我使出泰山壓頂招式的時候。

「起不起來？給我起來！」我跳起來，利用地心引力和本身重達兩千公斤的體重，用力的往弟弟身上壓。

接著會換來他一串髒話。

然後，他就會起身進廁所開始準備了。

「美好一天的開始！」爸爸這時會快樂的跟我擊掌。

接著我們便前往雀爾喜市場吃早餐，這裡一早就會有大量的龍蝦、生蠔、生魚片，當然還有常見的早午餐，也有許多文青風格的麵包店。雖然難得來這裡，但爸爸怕一早就吃海鮮會讓我們拉肚子，所以他選擇了大分量早午餐，一家叫Friedman's的早餐店。

我們入座後沒多久，店外就湧入不少排隊人潮。

「真幸運，就跟你們說要挑這家吧！」看到有人排隊後，爸爸得意地說。

「肯定是看我太帥，所以才聚集過來。」每當這時弟弟就會陷入自戀模式。

「我以為大家來這都吃海鮮，沒想到早午餐意外受歡迎。」我則是吃驚的看著排隊人潮。

我們這次點了莓果麥片、法式吐司和一份不知名的料理，那份不知名的料理是爸爸點的，有著大分量的馬鈴薯、沙拉，還有培根、荷包蛋。

「你怎麼會點這個？」弟弟好奇的問爸爸。

「因為我想吃沙拉！」爸爸解釋。

「但你不是不太吃馬鈴薯嗎？」弟弟疑惑。

「……我就點錯了啊！」被弟弟問到惱羞成怒，爸爸皺起眉頭。

「好啦！乖啦乖啦！」於是弟弟安慰起爸爸。

離開雀兒喜市場後，我們來到爸爸、弟弟最期待的地方。

無畏號海、空暨太空博物館（Intrepid Sea, Air & Space Museum），我們在這裡不僅登上大型航空母艦，還參觀世界唯一一艘可供參觀的導彈發射潛艇——USS Growler 號潛水艇，以及近距離欣賞著名的 A-12「黑鳥」偵察機。

還一次遊覽了四艘歷史船艇，包含無畏號航空母艦、USS Growler、企業號太空梭還有協和號客機。其中我們一致認為最厲害的就是航空母艦甲板上的二十六架戰鬥機，站在那裡不僅能看戰鬥機，還能連同後面的曼哈頓市景一起欣賞。

當我和弟弟看到戰鬥機時，我們從頭到腳都有不好的預感，我看著弟弟、弟弟看著我，我們想的都是同一件事情。

我們的爸爸，又要不見了。

也如同我們所想的，不過是一眨眼的功夫，爸爸就真的不見了。

「他能跑去哪裡？」弟弟和我站在最高處的艦橋上，將甲板看了一遍。

「沒在甲板上，能去哪？」我超困惑。

接著我和弟弟很有默契地回頭看了後頭的艦長室入口。

就是那裡！

「走！」弟弟拉著我的手往前。

「沒問題……」於是，我們走進了一個空間很小的走道裡。

「完蛋了，這是單行道，我們一定要走完。」弟弟絕望的説。

「不知道這裡的船員之

戰鬥機前合影

前是怎麼生活的，真的好小啊！」

「你知道更恐怖的是什麼嗎？」弟弟問我。

「？」我困惑。

「這是艦長室，艦長都住這麼小的地方，那麼那些船員該怎麼辦？他們難道都側身走路嗎？」

「對耶……」真難想像當時他們是如何生活的。

我和弟弟參觀了艦長室。

我和弟弟參觀了控制中心。

我和弟弟參觀了艦台。

弟弟玩起了船舵，我則是拿起旁邊的通話筒。

戰鬥機後面即是紐約市區風景

一切看起來都是如此的正常、愜意，當我們離開艦長室後，甲板上剛好吹起了一陣涼風。

我們的頭髮被風輕柔的吹拂起來，實在舒服。

「……」弟弟看著我。

「……」我看著弟弟。

「?!」我們同時被拉回現實。

「不對！」我驚呼：「爸爸還沒找到。」

「他到底跑去哪？」弟弟惶恐。

爸爸正式迷路了，很遺憾我們失去了他。

我和弟弟回到甲板拍照，緊接著我們注意到了甲板後方的航空館入口，Space Shuttle Orbiter Enterprise 1977 企業號太空梭是裡面最有看頭的太空梭。

正當我們要進去時，遠遠的看到爸爸在其中一台戰鬥機後面，朝我們探頭。

爸爸快樂的朝我們跑來，腦海中瞬間響起還珠格格的音樂，「你是風兒~我是沙~纏纏綿綿~繞天涯。」爸爸跑到我們面前用力的抱了一下。

「走！進去看太空梭！」接著興奮的打開航空館的門，沒有要等我們的意思，

航母內合照

就自己往前走。

有時父母就像孩子，他們和孩子一樣對世界感到驚奇；也和孩子們一樣，偶爾被新事物沖昏頭。

「等下！你不要亂跑！」弟弟無奈吶喊。

「等下！」我則衝上前抓住爸爸。

「？」爸爸困惑。

「等下如果你又跟我們走散了，就到航空館入口處等我們。」

天啊！這句話本該是爸爸要跟我

們說才對，爸爸今天不知道怎麼了。

「好！」爸爸乖乖聽話，點頭表示同意。

「手機網路幾格看一下。」弟弟對著爸爸說。

「大概兩格左右。」爸爸乖乖的看著手機，並回答問題。

「好，那還可以，你等下到航空館入口沒看到我們，你就稍微離開航空館，看網路訊號會不會好一點，然後傳訊息跟我們說，你在入口處等我們。」弟弟說。

「沒問題！」接著爸爸就哼著音樂，用輕快的腳步離開了。

「他也太搞笑了吧？」弟弟在爸爸走後，突然大笑：「比我們還要難管。」

「比我們更會亂跑！」我接著說：「他今天興奮過度。」

父母在孩子面前，總是穿起盔甲，試圖讓自己表現得成熟穩重；但當盔甲脫去時，孩子們看到的可能是一件汽車T恤、一套粉色洋裝。

好不容易，我們終於逛完了這裡。

而爸爸像被開啟什麼開關似的，始終處在興奮的狀態：「走！在搭飛機前採購一下！」

「是要去哪？」

「找汽車模型！」

「?!」果然自從卡拉馬祖後，爸爸心心念念的都是汽車模型，之前為了提早去尼加拉瀑布、賓州叔叔家，所以放棄福特汽車博物館，現在想起來特別的感人。

「走！」弟弟同意：「立刻搜尋。」

只可惜無論爸爸去哪家汽車模型店，都沒看到喜歡的模型，紐約的汽車模型店，賣的幾乎都是小朋友的汽車玩具。

「好可惜啊……」爸爸難掩失落。

「沒關係啦！之後回台灣再買給你。」弟弟安慰。

「也只能這樣了……」

「買汽車模型的錢，在明天就能賺到了！」弟弟眼中燃起了火焰。

「對！成為富豪的日子近在眼前！」爸爸也瞬間燃起了鬥志。

我們即將要前往的地方，就是最著名的賭城拉斯維加斯。

甲板上有超過十台的戰鬥機

5

紙醉金迷——拉斯維加斯

Paris
SPEND HALLOWEEKEND
IN NEW ORLEANS
URBAN
OUTFIT

「最難拿捏的就是賭運，大起大落猶如人生，就連掌舵的人都看不清方向。」

賭博定律

我們雙胞胎有自己一套賭博定律。

我們從小就一個運氣好一個運氣差，就連小時候爸爸媽媽打麻將時，也會一人抱一個。

當抱著弟弟的媽媽突然狂贏時，這時爸爸就會把我放到旁邊的椅子上，避免輸光所有的錢。

一直到現在我們都有這樣的魔咒，到賭場時只要弟弟開始狂贏，我就會把籌碼都給他，而爸爸就會開始跟著弟弟押；相反的只要我運一來開始狂贏錢，弟弟就會把籌碼都給我，爸爸也會跟著我押，這是我們進賭場後不輸錢的小訣竅。

明明可以直接從紐約搭機到拉斯維加斯，但我們卻搭上前往洛杉磯的班機。不為別的，全因兩個月前，我們原本沒計畫要來拉斯維加斯，但在來到美國後，爸爸提議最後幾天可以去拉斯維加斯，我們才決定將行程臨時改掉，並在短時間內訂了餐廳、表演。

畢竟爸爸在弟弟小時候，曾答應要帶他來這裡，而且他一直很想嘗試跟兒子一起在賭城玩瘋，來到這裡算是又完成他另一項小夢想。

「我要帶美眉回台灣！」弟弟下了決心。

「不可能的，連老爸都沒交過外國女友，你怎麼交得到？」爸爸得意的說：「不過老爸我不是沒被外國女生告白過，只是我當時沒接受而已。」

「你好好看著，我這次一定會交到外國女友！」

我們來拉斯維加斯的每一天，都會進賭場賭博，這裡的每間飯店幾乎都有賭場。

賭博有一些小技巧，雖然最大成分還是在運氣，但靠著這些小技巧至少可以不要輸得太慘。

像是遇到運氣很旺的人，最好跟著押，這樣能賺不少錢；但當運氣好的人，開始接二連三的輸時，就比須立刻停手，因為這代表那人的好運氣，已經飛到別人身上去了。

有時候運氣這種東西真的很邪門，當你開始輸的時候，最好不要再賭。你可以換間賭場或過幾天再賭，但就是不能再賭下去；因為再賭運氣並不會更好，反而會越來越差。

接下來的鐵則，則是發生在我和弟弟身上，那就是雙胞胎其中一個運氣好時，另一個人就不能再賭下去，因為運只會被好的那個人吸走。

「來到賭場，爸爸一定會罩你們，老爸之前不是換了些美金嗎？我現在就貢獻一人五十美金來賭，就看你們要選擇把錢留下來，還是賭光！」

這時就會看出雙胞胎的個性，弟弟是既來之則安之類型，一下子就把所有錢都換成籌碼，我則是一點一點的換。

我和弟弟只敢玩那種籌碼小的，最常玩的就是輪盤。

輪盤一般會有三十七或三十八個數字，由莊家負責在轉動的輪盤邊打珠，然後珠子落在該格的數字就是得獎號碼。

輪盤上的數字會以紅、黑兩色間隔，也可以押奇數、雙數，或是押區域。

當然還有兩個綠色數字，分別是0和00兩個數字，只要轉到這兩個數字，其它所有籌碼都會歸莊家，除了押0和00的籌碼。

「黑色！」弟弟率先加入賭局。

選擇顏色通常至少需要押五枚籌碼，也就是五美金。

「紅色！」我則是和弟弟唱反調，押了五枚籌碼在紅色。

我們看著輪盤慢慢停下，珠子停在綠色00上。

「?!」我和弟弟很有默契的罵了髒話。

「啊！這樣子我該跟誰押好？是不是今天你們兩個人的運氣都不好？」

「爸爸你不要烏鴉嘴！」弟弟立刻捂住爸爸的嘴巴。

「再幾次就知道了！」我在下一輪改押黑色。

「沒錯！」弟弟則改押紅色。

而珠子最後停在紅色二十七號。

緊接著我們再試一輪。

「黑色！」我不死心的繼續押黑色。

「那我就押紅色。」為了和我不一樣，弟弟只好押紅色。

這次珠子停在紅色十二號。

「好吧！」按照往常的雙胞胎賭場定律，我將所有籌碼交給弟弟。

「交給我吧！」弟弟一臉包在我身上的表情。

「兒子加油！」爸爸在替弟弟加油後，就叫我自己去旁邊逛逛，我很委屈的離開他們跑去拿飲料。

世界各地的賭場好像都會在賭場內放飲料，對於我們這些可憐的孩子來說，算是一種安慰。

這次我們前前後後，在拉斯維加斯贏了將近三百五十塊美金，原本更多的，但後來不小心小輸一把。

後來那筆錢被爸爸拿去買包包送給媽媽，畢竟老婆大人是最重要的。

「一個人的成功是靠著一%的幸運和剩下九十九%的努力。」

戈登・拉姆齊開的餐廳

這次爸爸、弟弟的目的是賭博，但我不一樣，我的目的是吃廚神開的餐廳。

我從小就很愛看美國實境秀，尤其是戈登・拉姆齊這位已累積獲得過十八顆米其林星的廚神所主持的美國實境秀：《地獄廚房》、《廚神當道》、《小小廚神》。

這次來到拉斯維加斯，不僅要品嘗剛來美國就預約好的地獄廚房（Hell's Kitchen），還要吃戈登開的Gordon Ramsay Burger 漢堡店、Gordon Ramsay Fish & Chips 炸魚條專賣店。

而我們在當天抵達洛杉磯，跟堂叔拿完社會安全局寄來的資料後，就一路開車直奔拉斯維加斯，整整開了將近四小時半的時間。

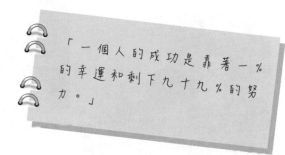

在地獄廚房和廚師合照

戈登的招牌料理「威靈頓牛排」

當晚我們在放完行李後，就前往Gordon Ramsay Burger。這裡真不愧是廚神開的餐廳，餐廳周圍皆用真正的火焰做裝飾，在櫥窗中火焰不斷持續燃燒，讓在排隊的人，不停誇獎、稱讚。

記得有集《小小廚神》戈登帶著他的女兒，教小小廚神們做出肉汁飽滿的漢堡排。對那集印象深刻的我，在知道要來拉斯維加斯後，就把這家Gordon Ramsay Burger列為必吃餐廳。

原以為有戈登的廚神光環，一份漢堡會要價三十美金左右，沒想到居然只需要十六至二十五美金，因為美國餐廳本來平均一餐就十到二十美金了，所以這樣的價格，真的比原先想的還要便宜。

這裡漢堡肉非常神奇有分熟度，而我和爸爸、弟弟都選了經典三分熟，總共點了節目中出現的藍起司漢堡、餐廳招牌酪梨起司漢堡，以及為爸爸點的龍蝦堡，和節目中戈登做過的削片薯條，這裡的薯條是用馬鈴薯整塊拿去削的，不得不說這真的是這輩子吃過最美味的漢堡專賣店，並不是因為有廚神的加持，而是漢堡上來時，每一份都還冒著熱氣，就連裡面的漢堡肉都有滿滿肉汁，連同其它配菜都搭配得很完美。

我們來的這幾天，除了地獄廚房、Gordon Ramsay Fish & Chips 炸魚條專賣店，還吃了有著運動風辣妹女服務生、寫著「The Best Looking Sports Pub You've Ever Seen」標語的 Tilted Kilt Pub & Eatery Midland、以平價料理聞名、開有很多家分店的 Denny's America's Diner、被評為拉斯維加斯必吃的亞洲餐廳 RICE&COMPANY。

其中我不得不介紹地獄廚房（Hell's Kitchen）。

我們去那用餐時，已經是拉斯維加斯的最後一天了，進到餐廳的入口，就會看到戈登事先錄好的大螢幕影片，歡迎所有客人前來用餐。

牆上掛滿《地獄廚房》每屆冠軍的照片，當進入餐廳後，會真的看到廚師們分為紅隊、藍隊，和電視上播的一模一樣。

不同的是這次他們不是競賽而是合作，有兩位主廚，都是過去參加過比賽的參賽者，而掌管這家餐廳的大廚則是《地獄廚房》十七季裡的總冠軍。

總之都很厲害，而廚房內無論是叉子、牆上的紅、藍磚，甚至是天花板看似復古蠟燭的旋轉燈、叉子燈飾，都跟電視中的場景十分類似。

餐點必點的威靈頓牛排，是戈登最拿手、代表的餐點，除了威靈頓牛排外，我們還點了電視中戈登曾示範的鱸魚、燉牛肉、凱薩沙拉、生蠔、黏太妃糖布丁（Sticky Toffee Pudding），另外還點了一份上桌會冒大量乾冰的浮誇甜點。

總之整趟拉斯維加斯之旅，我最有印象的，就是最後一天吃的地獄廚房和第一天吃的 Gordon Ramsay Burger。

「人生總有幾趟不能錯過的旅行，而那些旅行永遠會顛覆你的想像。」

直升機遊美國大峽谷

「美國大峽谷，是我這輩子去過最難忘的景點之一。」我拿著廣告單這麼說著。

「爸爸也覺得這是必去的景點。」爸爸拿著同樣的廣告單對著弟弟說。

「不過我們這次的旅費都花完了，比我們預想的還要快三天。」弟弟沮喪。

「爸爸我不是剛領了美金嗎？接下來的旅程，我出錢就好。」爸爸拍胸保證。

爸爸繼紐約領錢後，來到拉斯維加斯又領了一次，這次領的比紐約時還要少，看得出這筆錢，是為了去賭場而準備的。

「我如果去了，怕慕盈心裡不平衡。」弟弟最終還是搖搖頭。

「才不會，我已經去過了，我完全無所謂，去吧慕藩！」我和弟弟保證。

「你就去吧！人生就這麼一次了！」爸爸說完後，就拿出了錢包。

我和爸爸想要讓弟弟體驗坐直升機遊美國大峽谷，因為弟弟是我們三個之中唯一沒有去過大峽谷的。

「雖然比其他地方便宜很多，但只有我一個人去，我對你們會不好意思。」弟弟即使很想去，但還是不想花這筆錢。

「有些東西錯過就沒有了，就算之後你再有錢，也不一定有現在

這樣的機會。」爸爸堅持，而且其實我跟爸爸都知道，弟弟很想去。

「謝謝老爸！」最終弟弟給了爸爸一個大大的擁抱，爸爸則是幫弟弟訂了隔天一早的直升機之旅。

並將剛領出的美金，全都花光光。

「花這筆錢，是值得的……」拿著空空的錢包，爸爸故作鎮定。

對父母來說，錢花在自己兒女身上都是值得的。

爸爸幫弟弟選的直升機公司是 5 Star Helicopter Tours，當時剛好有優惠，所以大概是台幣七千五百元左右，比任何官網、平台上看到

大峽谷直升機

的價格都還要便宜，當然這筆錢還是很多，不過以直升機搭乘價格來講，是非常便宜的，爸爸也在預定好直升機後，再度領錢。

隔天一早，弟弟就快樂出發了，我則是將相機交給他，期望他能多拍幾張照片給我。

對我而言大概有十個世紀這麼長，在等待弟弟回來的過程中，我陪爸爸去吃早餐、四處走走，當我們回到飯店房間時，弟弟也剛好回來了。

「怎麼樣？」爸爸看到弟弟後，快樂的問他。

「我和一家人一起坐那台直

升機，然後……我被安排在最中間的位置。」

「什麼？那家人也太自私了吧，各自佔一個窗戶，然後把你擠在中間嗎？」我傻眼的回問。

「對啊！一開始我要進去，結果先被駕駛攔下來，他先讓兩個小朋友進去後，就讓我和那對夫妻坐一起。」

「?!」我和爸爸震驚的看著弟弟。

「然後那對夫妻就各自佔一個窗戶，讓我坐在他們中間。」弟弟委屈的說。

「那你有看到什麼嗎？」我問弟弟。

「有！我還是有看到美國大峽谷，也拍了不少照片，不過因為我坐在中間，還挺難拍照的。」

「那好像還是不錯，只是拍照效果比較不好而已。」我說。

「對！其實視野沒有被擋住很多，但因為知道妳會問我照片，所以先跟妳講一聲我坐在中間，很難拍照這樣！」弟弟解釋。

「沒差啦！我關心的不是照片，是關心你有沒有看到風景，畢竟這是很難得的經驗，你懂的。」我拍了拍弟弟的肩膀，並看了看弟弟拍的照片。

嗯，拍得好像……真的有那麼一點點的……醜。

「怎麼樣？」弟弟問。

「還行啦！大概還是有拍到。」我安慰。

「不，我看妳的表情，我已經知道妳不滿意了。」

「不管滿不滿意都不是很重要，你有心幫我拍，我已經很開心了。」

許多事情沒做好沒關係，因為心意最重要。

「總之，美國大峽谷超美的，謝謝你們願意讓我去！」弟弟感動的說：「以後我有錢，我一定讓全家都坐上直升機。」

好，我記得你的承諾了，拜託讓我坐上直升機吧！

「玩是種生活態度，能認真玩又能好好工作，拿得起、放得下，才是實實在在的真本事。」

賭城五大免費秀

拉斯維加斯的每家飯店，都很有看頭，無論是哪家飯店都能吸引不少人群。

除了基本的購物商場、駐場表演，當然還有遊樂設施，像紐約紐約飯店內的紐約紐約過山車（The Big Apple Coaster & Arcade）、隸屬高塔飯店的The Stratosphere tower內甚至還有Big Shot大怒神、Insanity八爪章魚、X-Scream雲霄飛車、高空彈跳四項設施。

來到拉斯維加斯，你可以看到紐約紐約飯店的自由女神像、巴黎酒店的巴黎鐵塔、威尼斯酒店的威尼斯人運河廣場、石中劍飯店的童話故事城堡、Luxor金字塔飯店的金字塔。

可以說是在一天之內環遊世界。

若是沒玩過滑索，想體驗還可前往LINQ長廊，玩FLY LINQ滑索，這裡的滑索可以選擇坐式或英雄式，穿越途中還可觀賞世界最高摩天輪The High Roller。

想吃巧克力還可以到Jean Philippe Patisseries，那裡有金氏紀錄的巧克力噴泉，許多人都會特別前往那裡買伴手禮。

拉斯維加斯有很多免費的秀可以看，只要抓好演出時間，就可以輕輕鬆鬆讓這趟拉斯維加斯之旅變得有趣。

其中最具代表性的表演，就是百樂宮酒店（Bellagio）的水舞秀，這場表演秀是目前世界最大噴泉表演秀，擁有超過一千個噴水孔，每場都會配合不同的音樂，光是水柱拍打水面的聲音就很讓人震撼，噴泉最高可以噴到四百六十英呎高，下午三點後每半小時一場，晚上八點開始則是十五分鐘就有一場。

「這裡的水舞秀，無論看幾次都不會膩！」爸爸一邊錄影一邊說：「下次要帶嘟嘟婆來，討她歡心才行！」在看水舞秀時，爸爸依舊掛念著媽媽。

「我們那個年代就有水舞秀了，沒想到現在多了更多種音樂，挺好的。」在看水舞秀的同時，總是能聽到爸爸的讚嘆聲，在他們那個年代，水舞秀並沒有很多種音樂。

現在的水舞秀，每個時段都會有不同的音樂，為了配合音樂還會做不同的變化，也就是說，每段表演都會有所不同，除了鐵達尼號主題曲，還有很多現代流行音樂。

除了水舞秀，百樂宮酒店還有兩大亮點，那就是Bellagio Fiori di Como彩繪琉璃，以及Bellagio Conservatory花園溫室，無論是不是住客都能免費參觀、拍照。

「Bellagio Fiori di Como的彩繪琉璃，是由玻璃藝術家Dale Chihuly製作的，超過兩千朵玻璃花，價值美金一千萬，下次一定要帶妳媽媽來看看。」每當爸爸看到很美的藝術品，就會想起媽媽，不到短短一小時，就提起媽媽十次以上，看來真的必須頒發好老公勳章給他了。

百樂宮酒店水舞秀

「我上次來剛好遇到萬聖節，那次有很多南瓜做裝飾，我記得好像還有女巫的樣子。」來到 Bellagio Conservatory 花園溫室，我興奮拿起相機；這裡每年都會有不同的布置，這次走異國風情，偏向阿拉丁風格。

除了必看的水舞秀，位於凱薩宮酒店的人舞噴火燈光秀，路過也可順道來看看，秀的名稱叫《亞特蘭蒂斯的墜落 Fall of Atlantis》，主要在闡述亞特蘭蒂斯被眾神之首宙斯所毀滅的故事，結合故事、火與影像的表演，每一小時就會表演一次。

為了看這場表演，我和弟弟、爸爸可以說是跑遍凱薩宮了。

「到底表演的地方在哪？」爸爸跑得氣喘吁吁，已經到表演時間了，卻還沒找到表演地點。

「在那裡！那邊有一群人，應該是在那！」弟弟立刻指著遠方的人群。

「啊！好像快要表演完了。」我們抵達時，表演正要結束，於是為了觀看完整的表演，我們還在附近逛了逛，最後順利看完表演。

「好像不值得我們特地等一小時。」對於這場表演，爸爸可以說是興致缺缺，也有可能是因為我們對於亞特蘭蒂斯的故事，並沒有很熟悉。

1 花園溫室裡讓人眼花撩亂的裝飾
2 M&M's 巧克力專賣店
3 分成紅藍兩隊的地獄廚房

接著我們陸續看了幾個免費表演，包含夢幻金殿酒店外的火山秀、威尼斯酒店內的歌劇表演。

以及昨晚看的 Fremont Street Experience 市區費蒙特街的天空屏幕表演、永利酒店的 Wynn Lake of dreams show 瀑布表演，都是免費的表演。

拉斯維加斯是一座不夜城，越晚越熱鬧！

「挺好的，免費的秀我們都有看到，除了馬戲團雜技表演。」弟弟表示滿足。

「該玩就要好好玩，這次來拉斯維加斯是不是很開心啊？免費的秀跟必看的表演我們都看到了！」爸爸開心的問。

「肯定開心的啊！尤其是你們，就連脫衣舞都看了，肯定很開心對吧？」我忍不住吐

華麗的彩繪琉璃

米高梅公司內有電影《飢餓遊戲》的服裝展覽

槽。

「是男人，就要看脱衣舞秀！這是必定的行程。」弟弟堅持。

「妳媽媽如果來，肯定也是對脱衣舞有興趣的！」爸爸堅持。

「最好是……」我無奈地看著他們，男性本色，這是肯定的。

除了免費表演，我們這次來拉斯維加斯還看了《太陽馬戲團KA秀》、《Blue Man》、《脱衣舞秀》，其中在看《脱衣舞秀》時，因為我和弟弟長得太幼齒，在表演途中，主持人不斷問我們有沒有成年，還搞笑的要看我們的證件，在看這場表演的時候，弟弟、爸爸開心得要死，他們看完後肯定好幾天都做好夢。

來到拉斯維加斯，我們賭錢、看秀、吃美食，晚上比早上更瘋狂、有趣，當然我們都知道這只是座不夜城，玩瘋了以後還是需要回歸真實生活。

不過，在回歸真實生活以前，好好瘋一回是必須的。

離開拉斯維加斯後，我們回到洛杉磯，我們在美國的日子只剩兩天，那兩天對我來説是非常重要的，是壓軸中的壓軸。

我們最終目的地，就是加州迪士尼樂園！

終點站——洛杉磯

「擁有赤子之心很重要，那是快樂泉源；也是人生中最重要的一把鑰匙。」

赤子之心

「明天就要去迪士尼樂園了，孩子們興奮嗎？」爸爸總是把我們當小孩子，每當這時，就會想和我們喊口號。

「興奮！」我和弟弟齊聲回答。

「明天就要去迪士尼樂園了，孩子們開心嗎？」

「開心！」我和弟弟再次齊聲回答。

「喜歡迪士尼樂園，還是喜歡老爸？」

「迪士尼樂園！」我和弟弟說完後，一邊擊掌。

「真是太讓爸爸傷心了……」爸爸一臉委屈。

「開玩笑的啦！」弟弟安慰爸爸。

「那你比較喜歡迪士尼樂園還是我們？」我問。

「當然是迪士尼樂園！」爸爸開心回答。

「真令人失望。」弟弟裝做很難過的樣子。

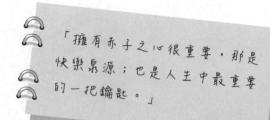

到現在身邊的朋友，還是很常問我們雙胞胎這些問題：為什麼總是和爸爸、媽媽出門；為什麼到這年紀還會跟父母看電影而不是和朋友；為什麼每次旅行都跟家人；為什麼到現在出門都還在牽爸爸、媽媽的手。每次這種時候，我們就會明白，我們比起大多數的家庭感情還要好。

我們的爸爸、媽媽喜歡黏著我們；我們也喜歡黏著爸爸、媽媽。這並不是爸寶、媽寶的表現，相比之下我認為這是我們表達愛的一種方式，我們一樣成熟、獨立、有責任感、有應變能力，差別只在於我們很看重家庭。

而他們，對於我們的成長、成熟也曾不安過：害怕有天我們就只跟朋友出去了；害怕過節我們都只跟朋友一起過；害怕有天三個小孩都搬出去住了，他們會很孤單。

但我們承諾一輩子都不可能丟下他們，就算搬出去住了，也可以很常回來看看他們；就算搬出去住了，也可以很常一起出去玩、旅行。

其實獨立並不該是拒絕愛的藉口，獨立應該是擁有對事情的應變能力、生活能力，而不是硬生生地把家人的愛推開。

我和爸爸、弟弟與胡迪合照

因為我們心裡都清楚明白，有些事失去了就再也回不來，在能好好珍惜時，就不該放過每次相處機會。

其實保有赤子之心很重要，因為這樣可以讓你比同年齡的人還要年輕，無論是心態上、打扮上、行動上都是。

像是媽媽總是很時尚，很多人都以為媽媽只有四十幾歲，除了打扮年輕以外，無論是媽媽、爸爸都跟我們很有共同話題。

他們也很好捉摸，有時比我們更像孩子，像是他們會一起玩寶可夢；在寶可夢很流行的時候，甚至半夜為了抓乘龍，可以把我們通通叫醒，並強迫大家一起去八里抓寶可夢，甚至誇張的穿越各種草叢、河堤。

媽媽非常喜歡米菲兔、迪士尼、大力水手，很喜歡蒐集各式各樣的公仔，家裡還有她之前蒐集的一整套凱蒂貓娃娃，跟我一樣很喜歡《哈利波特》，每當電視播《哈利波特》電影時，我們就會一起看第七、八、九、十次；非常喜歡各種兔子相關周邊，小時候她總是播放迪士尼的電影給我們看，跟我們一樣，所有迪士尼、夢工廠、漫威電影她都看過，可以說我喜歡什麼都是她帶給我的。

爸爸到現在都還超愛玩，只要在家裡就會待不住，老往西門町萬年大樓跑，就為了看他最愛的汽車模型。所有男孩子喜歡的東西他都喜歡，包含三國演義遊戲、飛機潛水艇模型、汽車模型、汽車雜誌目錄，他還很愛蒐集CD、音響，可以說弟弟現在愛玩電動、組裝模型，都是深受爸爸的影響。同時爸爸也非常愛看電影，每當假日就會抓著我們一起去看電影，幾乎每次熱門新片上檔，上映不到一週他就看過了。

化妝可以遮瑕、保養能使肌膚滑潤；但能真正永保年輕的，來自赤子的心。

「小時候以為父母會變魔法，變出童話世界、變出城堡、變出公主；長大後才發現，這些魔法來源，全來自他們滿滿的愛。」

延續童年的迪士尼樂園

迪士尼佔據了我所有的童年，包含媽媽的。

媽媽在西雅圖留學時，常和四阿姨搭好幾小時的火車到洛杉磯，就為了去迪士尼樂園玩，那時還從美國帶回兩隻高達一百二十公分巨大的米奇、米妮玩偶，差點把我外婆氣死。

在姊姊出生時媽媽也買了迪士尼年票，當時我們很常去迪士尼玩，就連四歲再回來美國時也去迪士尼玩。

當時媽媽因為我們雙胞胎太調皮，總是一左一右的亂跑，所以都會在我們身上繫上繩子，就像牽狗狗一樣。要讓我們好好走在同一條路線上，總是要花費不少的力氣、時間。

小時候的我超喜歡小熊維尼，每一次都要去抱小熊維尼、跟小熊維尼拍照要簽名，但有一次維尼剛好要和跳跳虎換班，當時才四歲的我，立馬衝出隊伍一把抱住小熊維尼的腿就開始大哭。

嘴裡一直喊「Pooh! Pooh!」聽起來卻像「Poo! Poo!」當場讓我媽媽十分尷尬。

弟弟看到我哭後，也一起哇哇哭了起來，兩個小孩各站一邊抱著小熊維尼的腿大哭，實在沒有辦法，所以小熊維尼就和我們一起拍照、簽名、抱抱，之後工作人員還牽著我們的手和站在一旁尷尬許久的跳跳虎拍照，當時紅著鼻子的照片我們都

纏著小熊維尼合照

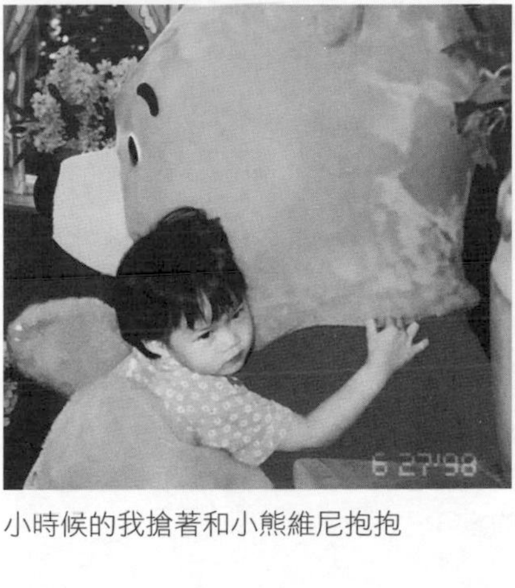

小時候的我搶著和小熊維尼抱抱

還留著。

對於和角色們拍照，我和弟弟可是很挑的，每當遇到那種壞人、壞蛋角色，我和弟弟就會立刻哇哇大哭，就算媽媽用牽繩繫著我們，我們也會一左一右的跑，雖然最後總不敵媽媽的力量，跌坐在硬梆梆的地上。

但對於我們而言，已經是勝利了。

「為什麼小熊維尼不可以跟我回家？」稚嫩的我，總會從嘴裡說出各種任性的話。

「因為其他小朋友也想跟小熊維尼玩，等到晚上小熊維尼就會來找妳了。」媽媽每次都會很溫柔的回答我。

「那跳跳虎不可以一起來，因為跳跳虎會一直跳來跳去，我們就不能睡覺了。」然而，我總會講出更多的胡言亂語。

雙胞胎在米妮的家

長大後我更加明白，如果幸運地擁有快樂童年，就要好好報答父母，是他們給予你快樂、幸福，要知道這世上，並不是所有人都幸運，能擁有美好童年。

將所有歡笑、快樂都記下；記下來後，就誰也偷不走了。

許多人都說長大後會有所改變，會變得更成熟、有腦袋；但我偏偏就是腦袋搞丟、無法成熟長大的例外。

小時候媽媽、爸爸帶我們去迪士尼，現在換我們帶著爸爸來迪士尼。

洛杉磯的迪士尼分為兩個園區，有兩座迪士尼樂園，分別取名為加州迪士尼樂園（Disney Park）、迪士尼加州冒險樂園（Disney California Adventure Park）。

在離開拉斯維加斯後，我們將剩下兩天的美好時光，都留給迪士尼，讓迪士尼樂園成為我們這耥美國自駕之旅的 Happy Ending。

不過在出發前一天有了變動，爸爸說他和朋友約好敘舊，同時要順便將保險櫃的東西取出，因為銀行在假日是沒有營業的。起先我和弟弟很堅持都要一起行動，但爸爸說沒關係，他迪士尼去一天就好。

最後在加州迪士尼樂園、迪士尼加州冒險樂園中，爸爸選了迪士尼加州冒險樂園。

迪士尼加州冒險樂園有許多獨家設施，必玩的設施非常多，像是由驚魂古塔（The Tower of Terror）改版的星際異攻隊（Guardians of the Galaxy–Mission: BREAKOUT）、沿著美國六十六號公路狂飆的汽車總動員（Radiator Springs Racers）、小美人魚海底探險、皮克斯碼頭的最新設施超人特攻隊（Incredicoaster），還有地標米奇摩天輪（Mickey's fun wheel）。

來迪士尼加州冒險樂園除了最精彩的水舞秀，必看的還有長度約一小時的《冰雪奇緣》舞台劇，這裡的舞台劇有百老匯音樂劇的水準，換舞台的速度、轉場都超快，就連服裝也很精緻，演員無論歌唱、表情都很厲害。

「終於帶老爸來迪士尼了！」之前環球影城是爸爸配合我們的步調，這次我們決定慢慢逛，讓爸爸用他的方式來感受迪士尼。

迪士尼加州冒險樂園有著自己獨一無二的特色，以漫威、皮克斯主題為主，並且有很多獨家設施、園區。

無論《汽車總動員》、《蟲蟲危機》、《超人特攻隊》還是《腦筋急轉彎》，都是只有這裡才有的。

長得像泰勒絲的庫依拉

連講話都成功複製的壞皇后

來到這裡的第一個遊樂設施，就是位於皮克斯碼頭的超人特攻隊。

「《超人特攻隊》我有看過，這是一部很棒的電影！」爸爸得意地跟我們分享，接著他繼續說：「你們以為我只有看第一集嗎？不！我看了兩集，兩部都有看。」

他一再強調這部電影他不只有印象，還非常喜歡。

我們在排隊的途中，爸爸始終很興奮：「我剛剛看到了！他們咻一下就快速往前衝，旁邊還有很多水花，就那樣嘩啦啦嘩啦啦的灑上去。」爸爸擔憂的說：「這樣我們會濕掉嗎？」

「不會，這是雲霄飛車，剛剛的水沒有灑在他們身上，只是做個效果而已。」弟弟似乎受到爸爸影響，心情也很好：「什麼時候才輪到我們？真的超期待的！」

「我也好期待！我上次來沒有這個設施！」我上次來的時候，皮克斯碼頭都還沒建好。

「輪到我們了！輪到我們了！誰要跟我坐？」爸爸問的同時，弟弟搶先跑到他旁邊。

「好吧！我跟別人坐！」我立刻排他們後面的位子。

爸爸很可愛，每次來遊樂園玩設施，都要我們跟他坐一起；包含每次我們出去看電影、吃飯，他也一定要有人坐在他旁邊。

有一次我們問他到底為什麼旁邊一定要有人，他說因為他老了怕孤單。

雖然只是開玩笑的，但我們三個孩子從此放在心上，只要跟爸爸出去，就不會讓他旁邊有空位，我們總愛一左一右的把他夾在中間。

父母總是假裝堅強，但其實他們比我們還怕孤單、寂寞；對於他們而言，沒有孩子的陪伴是件很恐怖的事。

超人特攻隊，是來這絕對不能錯過的雲霄飛車，雖然不是我玩過最刺激的，卻是我玩過最有創意、印象深刻的。我實在沒有想到雲霄飛車居然也可以跟電影劇情完美搭配。

這項設施將雲霄飛車本身，跟電影中擁有最快速度、跑超快的角色小飛做結合，主要的任務是抓回調皮搗蛋的嬰兒小傑，雲霄飛車的途中會經過彈力女超人、超能先生、小倩還有衣夫人；雲霄飛車座椅兩側有音響，能不時的聽到電影角色的對話，是絕對不能錯過的好玩設施。

接著我們去搭乘米奇摩天輪，大家一致同意搭左右擺動的車廂，在搭的過程中，爸爸像個孩子似的，故意想要左右搖擺，結果不但沒有成功，還差點撞上一旁的窗戶，所幸弟弟及時把頑皮的爸爸抓住。

「接下來，我們要去開跑車囉！」在玩完超人特攻隊、米奇摩天輪後，我負責帶路前往汽車總動員，對於熱愛汽車的爸爸來說，這裡根本是為他量身打造的。

「開跑車？」爸爸聽到跑車兩字，臉都亮了起來。

「我好期待啊！」這項設施弟弟也期待已久。

「我們會開跑車，跟別人比賽喔！你一定會喜歡。」我對爸爸笑著說。

「越說我越期待！」爸爸加緊了腳步。

汽車總動員有著超高人氣，尤其美國的小男孩們都喜歡閃電麥坤。這項設施會讓遊客乘坐各式各樣顏色的跑車，每台跑車的眼睛還會動來動去超可愛，不僅能體驗賽車的超快速度，還會配合劇情在美國六十六號公路狂飆、甩尾，沿途中還會遇到另外一組遊客的跑車，兩台跑車會在最後一決高下。

「好可惜我們沒有搭到紅色跑車！」爸爸遺憾的說，這個設施有很多台顏色的跑車，我們搭到的是綠色的。

「跑車比較少綠色，我們比較特別啦！」弟弟雖然同樣也喜歡紅色跑車，不過還是安慰爸爸。

一整天下來我們玩了不少設施，也看了《冰雪奇緣 Frozen Fun》、《阿拉丁神燈秀 Disney's Aladdin-A Musical Spectacular》舞台劇，也跟不少角色拍照，包含漫威英雄們，最後在離開園區前，我們玩的最後一個設施是星際異攻隊。

星際異攻隊是自由落體設施，會一直來來回回的墜落、上升，同樣搭配電影中的劇情且依舊不改搞笑成分。這個設施的主角是火箭，會由火箭來帶領遊客，解救被收藏家抓住的星際異攻隊成員。

我們是透過快速通關進去的，所以很快就抵達搭乘的電梯前面，因此當爸爸要反悔的時候已經來不及了。

「這是自由落體嗎？」已經被安全帶扣住的爸爸，顫抖的問雙胞胎。

「是的！」位於爸爸兩側的雙胞胎，很有默契的回答。

「你們一開始就知道嗎？」爸爸委屈的說：「這麼不給心理準備的嗎？」

正當我們要回答時，設施無情的啟動；中間不斷的上升、墜落，每當落下時，總是會響起很輕快的音樂。

而輕快的音樂，總是伴隨著爸爸的尖叫聲。

「以前總愛玩這些設施，老了以後心臟越來越不行。」爸爸一出設施就這麼說，而下秒傳來他的尖叫：「樹！」

我們一出設施就看到格魯特在前面和大家拍照，不久還有星際異攻隊的演出，爸爸很快的拉我們進去人潮裡，和角色們互動、拍照。

接著，我們就去逛商店買紀念品，而外面的人潮越來越擁擠，出來一看發現大家都裝扮成迪士尼各式各樣的角色，準備來參加今晚在迪士尼舉辦的——萬聖節化妝舞會。

「好可惜，我們人都在這了，還沒有報名參加……」弟弟跟我都很沮喪。

「一點都不可惜！你們看爸爸今天跟你們來這裡，玩得多麼開心啊！」爸爸開

小時候和家人遊迪士尼

心的說：「上次一起來迪士尼，你們還只有四歲，沒想到一眨眼十九年就過去了，換你們帶爸爸玩。」

「爸爸今天玩得開心嗎？」也對，我們這次來的目的，本來就是為了實現爸爸美國公路旅行的夢想。

「開心……我每天都過得很開心。」爸爸這麼回答。

離開迪士尼後，我們正式結束這趟源自於爸爸夢想的美國公路之旅。

就像我們總和爸爸、媽媽說的，他們達不成的夢想，就由孩子來實現。

而爸爸在這趟旅程結束後，也和我們說了這句話：

「你們幫我達成了夢想，而我的夢想其實源自於你們。」

在爸爸六十歲時，我們幫他完成了三十年前的夢想。

當我們幫他完成這個夢想的瞬間，才發現——一起踏上美國公路旅行，在不知不覺中也成了我們的夢想。

這趟旅程，所有的收穫，都記錄在我們心中，成為一輩子永遠忘不了的回憶。

歸程——值得紀念的不只是風景

US
66
WELCOME to
5958
782
1939

「一趟旅行最重要的從來不是去哪裡，而是你跟了誰到了哪做什麼事。」

送給爸爸的禮物

在這長達一個月的日子裡，我們獲得了不少收穫，其中最珍貴的就是這趟旅程的所有回憶。

直到回到台灣後，我們還是常常提起在美國發生的大小事，在這趟旅程中有爭吵也有歡笑；而伴隨每次爭吵，我們總是拉近彼此的距離，伴隨每次歡笑，我們總是更心靈相通。

爸爸六十歲了，卻願意和我們在遊樂園裡奔跑。

爸爸六十歲了，卻還是能像小孩子一樣任性、鬧脾氣，甚至遇到有趣的事情，還會自顧自的往前，上演失蹤戲碼。

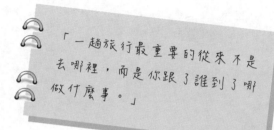

爸爸六十歲了，卻還是在抵達新城鎮時，比我和弟弟都還要激動、興奮。

從一開始和弟弟一起計畫要騙爸爸出國，到最後媽媽、姊姊加入一同贊助，到旅程後半段時，爸爸自己換錢資助剩下的旅程，這整趟旅程，是全家一起同心協力完成的。

原本我們希望的只是讓爸爸在這趟旅程中，完成他的夢想，沒想到不僅完成了夢想，爸爸甚至創造出了更多小小心願，這些小小心願都跟我們有關，有天全家一起露營看星星、有天全家一起去環球世界三個月。

來到美國的每一天，爸爸都開心的笑著，笑的次數多到數不清，就連睡覺前也笑著，開車也都笑著看窗外。

於是我和弟弟問了問爸爸，最開心的是哪一天、最有印象的又是哪一天，他則是笑著回說，每一天都很有印象，每天都是最開心的一天。

整趟美國公路旅行，每到一個景點，我總是拿起相機按下快門，希望拍下的這些美景，能永久保存；而爸爸則是每到一個景點，都叫我和弟弟站好，讓他拍下做紀念。

我拍的是風景，而爸爸拍的是我和弟弟，因為對他而言，比起風景，他更想記錄的是我們臉上的笑容。

這趟旅行，我們所有規劃好的行程全都被打亂了，而就因為這些改變，讓我們獲得許多意外收穫；我們幾乎所有的行程，都是到了當地才臨時變動、安排的，而這樣的驚喜，使我們的旅程更加豐富，也意外的在所有旅程結束後，才發現這根本是趟探親之旅。

我們不只在洛杉磯意外認識兩位堂姊，甚至在安娜堡、賓州、紐約都分別見了兩位堂妹及叔叔、嬸嬸，在前往紐約前還見了表妹。

爸爸說，能在旅途中見到家人，是一件很快樂的事，尤其是當他發現大家都過得很好時，他總會特別開心。

而弟弟說，經過了這趟旅行，他才發現爸爸多麼像小孩子，他終於知道自己個性像誰了。

而我說，這趟圓夢之旅，不該只記錄在我們心中、相片中，更該寫成一本書，讓爸爸做紀念。

為了紀念這趟旅行，我鼓起勇氣寫下這一頁又一頁的故事。

這是一本送給爸爸的書。

致親愛的爸爸：

在六十歲這一年，你完成了你的夢想，而我們在你六十歲這一年，也完成了我們的心願，能與你一起踏上美國公路，是世界上最美好的一件事。

你永遠都是我們最棒的旅伴，只要你準備好了，我們隨時都能前往下趟旅程，我們永遠愛你，就像你愛我們一樣。

Across 53

騙爸爸去美國——鬼靈精怪雙胞胎姊弟，以謊言為開端的驚喜旅程

作　者—李慕盈
照片提供—李慕盈
副 主 編—謝翠鈺
責任編輯—廖宜家
美術編輯—張淑貞
封面設計—斐類設計工作室

董 事 長—趙政岷
出 版 者—時報文化出版企業股份有限公司
一〇八一九台北市和平西路三段二四〇號七樓
發行專線—（〇二）二三〇六六八四二
讀者服務專線—〇八〇〇二三一七〇五
（〇二）二三〇四七一〇三
讀者服務傳真—（〇二）二三〇四六八五八
郵撥—一九三四四七二四時報文化出版公司
信箱—一〇八九九　台北華江橋郵局第九九信箱

時報悅讀網—http://www.readingtimes.com.tw
法律顧問—理律法律事務所　陳長文律師、李念祖律師
印刷—紘億刷有限公司
初版一刷—二〇二〇年十二月十八日
初版二刷—二〇二一年一月二十一日
定價—新台幣三六〇元
缺頁或破損的書，請寄回更換

時報文化出版公司成立於一九七五年，
並於一九九九年股票上櫃公開發行，於二〇〇八年脫離中時集團非屬旺中，
以「尊重智慧與創意的文化事業」為信念。

騙爸爸去美國：鬼靈精怪雙胞胎姊弟，以謊言為開端的驚喜旅程 / 李慕盈作 . -- 初版 . -- 臺北市 : 時報文化 , 2020.12
面；　公分 . -- (Across ; 53)
ISBN 978-957-13-8490-0(平裝)

1. 遊記 2. 汽車旅行 3. 美國

752.9　　109019462

ISBN 978-957-13-8490-0
Printed in Taiwan

ROUTE
66

Guide MAP
UV

Guide MAP
PASSPORT
UV